# A STUDY ON THE INFLECTION POINT

# 中国债务拐点研究

# OF CHINA'S DEBT

朱小黄 林嵩 王林 武文琦 秦权利  著

经济管理出版社
ECONOMY & MANAGEMENT PUBLISHING HOUSE

**图书在版编目（CIP）数据**

中国债务拐点研究/朱小黄等著 . —北京：经济管理出版社，2017. 5

ISBN 978-7-5096-5064-6

Ⅰ.①中⋯　Ⅱ.①朱⋯　Ⅲ.①地方政府—债务管理—研究—中国　Ⅳ.①F812.7

中国版本图书馆 CIP 数据核字（2017）第 073317 号

组稿编辑：宋　娜
责任编辑：李玉敏
责任印制：黄章平
责任校对：超　凡

出版发行：经济管理出版社
　　　　　（北京市海淀区北蜂窝 8 号中雅大厦 A 座 11 层　100038）
网　　　址：www. E-mp. com. cn
电　　　话：（010）51915602
印　　　刷：虎彩印艺股份有限公司
经　　　销：新华书店
开　　　本：720mm×1000mm/16
印　　　张：13. 25
字　　　数：217 千字
版　　　次：2017 年 6 月第 1 版　　2017 年 6 月第 1 次印刷
书　　　号：ISBN 978-7-5096-5064-6
定　　　价：68. 00 元

# 序

    债务是宏观经济的有机组成部分。一个国家或区域的有效运行，不可能完全脱离债务。但是，债务负担过重，则会显著影响宏观经济的健康运行。过去的数年间，中国的债务规模迅速膨胀，引起了国内外关注。不同机构和学者认识不一，甚至有观点认为中国债务规模过高，面临债务危机的可能。

    2015年中央经济工作会议提出的"三去一降一补"五大任务中，去杠杆也是一个难点和关键点。权威人士在2016年《人民日报》的《开局首季问大势》中指出"高杠杆是'原罪'，是金融高风险的源头"，对策就是"按照供给侧结构性改革要求，积极稳妥推进去杠杆"。同时，国务院近期印发了《地方政府性债务风险应急处置预案》，对地方性债务风险建立分级响应机制。按照风险事件性质、影响范围和危害程度等，将政府性债务风险事件划分为Ⅳ级（一般）、Ⅲ级（较大）、Ⅱ级（重大）、Ⅰ级（特大）四个等级。这一政策的出台，是要求政府性债务的风险化解要遵循市场化、法治化原则，明确风险防控底线，建立预警和分级响应机制，严格风险事件责任追究，牢牢守住不发生区域性系统性风险的底线。可以说，中国的债务问题，已逐步进入解决的攻坚期。

    尽管如此，在债务和经济发展的相关议题上，目前仍有很多问题不够明确。例如，如何测算我国当前的总体债务规模？这一规模是否仍处于合理范围？在全社会的各个不同部门内，债务又呈现出什么样的特征？如果要降低债务杠杆，应当如何着手？这些基础性问题都需要进行深入、明确、科学、定量的分析。

    本书探索性地开发了中国全社会债务的计量方式，并在此基础上对债务规模和经济增长之间的关系进行了比较规范的定量分析，据此得出结论：当前我国全社会债务水平已经超过拐点。这意味着债务对于 GDP 的影响已经处于负向阶段。本书还进一步研究了政府债务、银行业债务和经济增长的关系，研究显示：当前中央政府债务对于经济增长的影响仍处于正向的阶段；在多年之前，中国地方政府债务就已经跨过拐点，进入负向刺激轨道；目前银行业债务对于 GDP 的影响已经进入或者即将进入下降阶段的拐点。在关注宏观债务的同时，本书也集中考察了不同行业的债务杠杆，研究表明：化纤行业的债务拐点很可能出现在 PTA 产能达到高峰的 2014 年左右；石油化工行业的债务拐点则很可能出现在 2011 年左右。在房地产上下游行业中，煤炭行业达到拐点的时间是 2011 年，钢铁行业达到拐点的时间是 2012 年，建材行业尚未达到拐点，有色金属行业达到拐点的时间是 2013 年，房地产行业达到拐点的时间是 2013 年。同时，房地产产业链的债务拐点具有传导性，传导顺序是由上游行业传导至下游行业，与经济周期的传导是相反的。本书针对实体经济和虚拟经济的研究也显示：自 2009 年开始，虚拟经济与实体经济比例已经脱离合理区间，也就是说虚拟经济已经脱离实体经济过度膨胀。

　　本书立足于当前我国经济社会发展的现实需要，同时致力于开发有关债务分析方面的定量模型，研究结果也充分服务于当前的供给侧结构性改革，以及经济结构的调整和优化。

# 目　录

第一章　债务与经济增长 ················································ 1

一、债务研究的理论基础 ·············································· 1

二、债务与经济增长 ················································· 4

三、债务拐点的理论含义 ·············································· 9

四、本书研究框架 ················································· 12

第二章　中国全社会债务研究 ········································· 15

一、全社会债务的界定和特征 ········································· 16

二、债务发展的国际比较 ············································· 23

三、全社会债务的计量分析 ··········································· 32

四、各主体债务的计量分析 ··········································· 35

五、总结与建议 ··················································· 40

第三章　中国政府债务研究 ··········································· 45

一、政府债务的界定和特征 ··········································· 46

二、政府债务文献综述 ·············································· 50

三、政府债务的中外比较 ············································· 53

四、政府债务的计量分析 ············································· 60

五、总结与建议 ··················································· 63

**第四章　中国银行业债务研究** ……………………………………… 69

一、银行业债务的界定和特征 ……………………………… 70

二、银行业债务与经济增长 ………………………………… 77

三、银行业债务的计量分析 ………………………………… 81

四、当前银行业的压力和挑战 ……………………………… 84

五、总结与建议 ……………………………………………… 89

**第五章　中国企业债务研究** ……………………………………… 95

一、企业债务现状及发展历程 ……………………………… 95

二、各行业债务杠杆率比较 ………………………………… 99

三、各行业债务杠杆与利润率 ……………………………… 106

四、各行业负债效应弹性分析 ……………………………… 112

五、重点行业债务拐点分析 ………………………………… 116

六、总结与建议 ……………………………………………… 123

**第六章　中国房地产上下游行业债务研究** ……………………… 127

一、房地产行业债务分析 …………………………………… 128

二、房地产上下游行业债务概况 …………………………… 134

三、房地产上下游行业债务的计量分析 …………………… 147

四、房地产上下游行业债务拐点传递分析 ………………… 157

五、总结与建议 ……………………………………………… 162

**第七章　中国实体经济和虚拟经济研究** ………………………… 169

一、实体经济和虚拟经济的现状 …………………………… 170

二、实体经济和虚拟经济的黄金比例 ……………………… 172

三、实体经济与虚拟经济的格兰杰因果检验 ……………… 180

四、总结与建议 ……………………………………………… 186

第八章 研究总结 ················································· 189

一、研究价值 ·················································· 189

二、研究结论 ·················································· 190

三、政策建议 ·················································· 191

参考文献 ······················································ 197

后记 ·························································· 201

# 第一章  债务与经济增长

任何事物发展都遵循从量变到质变、渐变与突变的过程与阶段。在这一过程中存在一个客观上的"拐点"，它充分反映了从渐变到突变时事物本质的变化。从目前人类的认知能力而言，运用数理、计量、建模等技术对相对完整的数据进行测算，都能够得到一个体现上述质变的"拐点"，并且依据这个拐点，判断过去与未来的原理。上述方法可以运用到各种科学研究之中，社会科学亦然。在目前的经济学研究中，有大量的经济现象可以通过计算找到其发展阶段变化的"拐点"，从而指导市场和市场策略的方向。

## 一、债务研究的理论基础

### 1. 经典的经济增长模型

债务研究归根结底是要研究债务和经济增长的关系。在经济学理论中，这是经济增长理论和经济增长模型所关注的研究内容。

一般来说，经济增长理论关注的是特定区域或国家的经济总量，通过均衡分析的方法，建立特定的经济模型，考察在长期的发展过程中，各个要素之间为了形成稳定状态所需要的均衡条件。在这一特定条件下，区域或国家的经济总量将会呈现一定的增长特征。在经济增长理论中，区域或国家的经济总量通常是指该区域或国家作为一个经济体在一定时期之内所生产出来的物质产品和劳务的总和。在某些情况下，经济增长理论也关注按照区域或国家人口总量所平均计算的人均实际产出。

在经济增长理论中，经济增长的来源，也就是影响经济增长的因素分析，是其理论核心。在宏观经济理论中，学者们通常借助生产函数来研究不同要素对于经济增长的影响，以及要素之间的均衡关系。20 世纪 30 年代的哈罗德—多马经济增长模型是最早的经济增长模型。

哈罗德—多马经济增长模型是基于凯恩斯的理论。哈罗德—多马经济增长模型假定全社会只生产一种产品，这一产品既是资本品又是消费品。同时，全社会也只有一个生产部门、一种生产技术。为了生产出这一产品，该模型假定全社会只存在两种生产要素，即资本和劳动，两者按照一个固定的比例投入生产，不能相互替代。在哈罗德—多马经济增长模型中还引入了时间和资本因素，从而将凯恩斯的理论长期化、动态化了。

哈罗德—多马经济增长模型的中心内容是要说明经济稳定增长所需要的条件和产生经济波动的原因，以及如何调节经济实现长期的均衡增长。根据哈罗德—多马经济增长模型的观点，全社会实现经济稳定增长的条件是投资者的预期投资需求恰好等于当期的储蓄供给，就能使储蓄全部转化为投资，实现储蓄与投资相等，从而促进经济稳定增长。哈罗德—多马经济增长模型的限制条件较多，而且假定产品规模收益不变，同时，全社会也不存在技术进步。新古典经济学派对这个模型提出了许多批评，在 20 世纪 50 年代推出索罗经济增长模型来取代它。

索罗经济增长模型又称为新古典经济增长模型、外生经济增长模型。该模型使用了柯布—道格拉斯函数来描述全社会的生产过程。该模型和哈罗德—多马经济增长模型一样，同样假定全社会的储蓄全部转化为投资。不过，它假定作为生产要素的投资和劳动是可以互相替换的，同时投资的边际收益率递减，并且在生产函数中确定了技术的重要性。

索罗经济增长模型的分析结果显示，经济总量的长期增长率并不是由资本投入所单独决定的，劳动力增加和技术进步也决定了经济总量的增长。其中，在劳动力方面，除了劳动力数量的增加以外，劳动力综合素质，特别是与技术相关的能力方面的提升，也有助于经济总量的增长。不过索罗经济增长模型的局限性也非常明显，它忽视了投资函数的存在，因为在现实中劳动力和投资间并不是能够完全替代的。忽视了投资函数也就忽视了企业家要素在资本和劳动力整合中的重要角色。

**2. 新制度经济学与经济增长**

相对于索罗经济增长模型，新制度经济学认为，除了资本、劳动力和技术以外，一个国家的制度安排是促进经济增长的关键因素。一方面，制度安排决定了市场上的交易成本，进而决定了生产主体获得投资、劳动力和技术的能力，从而影响经济增长的速度；另一方面，制度安排也决定了组织和劳动力的激励结构，从而影响经济组织进行技术创新的可能，进而形成推进或阻碍经济增长的动力。

首先，新制度经济学认为，较低的交易成本是市场体系能够良好运行的根本保障。在较低的交易成本下，交易双方能够更清楚地了解市场供求信息，交易也能够变得更为明确和顺畅。生产体在组织资本、劳动力、技术进行经济活动时，也能够以较低的成本实现经济产出。整个经济体内部也能够形成高度的专业化和分工，从而提升经济体的产出效率。在新制度经济学中，交易成本是由一个国家的制度框架、政策和法律体系、社会文化等因素所决定的。其中，政府在制度安排方面尤其起到了至关重要的作用，因为他们是大多数制度的设计者和执行者。政府必须设计一个能够积极有效降低交易成本、促进交易规则正规化和透明化的制度安排。

其次，在索罗经济增长模型中最重要的要素——技术——的提升与制度安排密不可分。技术要素的提升一般来说取决于如下三个方面的因素：其一，人们的创造能力。技术的提升归根到底是依靠人来实施的。由于技术研发和创新的过程非常漫长、投入非常高昂，如果在全社会范围缺乏良好的制度安排来激励人们开展研发活动，很难有组织和个体主动参与技术研发。其二，良好的资本市场。技术创新需要源源不断的资金投入，依靠个体或组织的资金往往很难满足其长期发展的需求。此时，有效的资本市场能够充分吸纳来自不同渠道的资金支持有前景的技术创新活动。其三，有效的市场竞争环节。这是检验个体或组织开发的技术是否有市场价值的必要手段，只有能够在市场竞争中存活下来的技术才具有良好的发展前景。可以看出，上述三个方面都与一个国家的制度安排有着密切关系。良好的制度框架将充分激励技术方面的改进和创新活动，从而促进经济增长。

**3. 经济增长中的人口问题**

索罗经济增长模型所强调的劳动力增长的重要作用，近年来在各个国家的宏观经济活动中受到了一定的挑战，这主要是由于人口红利要素的不断削弱。

人口红利是针对一个国家内部劳动力人口的分布特征而言的。当一个国家的劳动年龄人口占总人口的比例较高时，意味着全社会范围内生产活动可以获得较多的可用劳动力，同时不用付出较高的抚养费用，这为经济活动的开展和经济增长提供了便利的条件。人口红利也是索罗经济增长模型中劳动力要素的有力保障。在现有的研究中，国内外学者已经运用不同计量方法建立模型，分析结果均显示人口红利将显著性地作用于经济增长。针对中国经济活动的研究尤其显示了人口红利的重要作用，不过由于指标和计量方法的不同，人口红利对于经济增长的影响绝对量存在一定差异。从现有研究来看，人口红利所带来的巨大劳动力数量对于经济增长的作用体现在三个方面：劳动力供给的上升将带来经济增长的规模效应，从而提升经济总产出；劳动力供给上升还会推进储蓄率和投资率的提升，从而加速经济增长；同时，劳动力对于期望寿命的延长也改变了人们对人力资本投资的观念，造成了更多技术发明使用的机会，提高了劳动力的质量，从而推进了经济增长。因此，总体来看，现有学者都承认人口红利是中国乃至东亚地区近年来经济快速发展的重要推进作用。

不过，从我国的实际情况来看，当前人口红利的积极影响正在不断削弱。经济增长理论和人口理论都表明，一国的人口红利并非可长期持续的要素。劳动力人口的整体老年化也就意味着人口红利的终结。我国自 20 世纪 80 年代开始实施计划生育政策，人口出生率呈下降趋势，虽然近年来我国开始实施二胎政策，不过人口出生率的改变并不是迅速完成的。目前，中国已经开始呈现较快的人口老龄化趋势。因此，从长期来看，中国总人口中劳动人口比重将减少，中国经济增长所享有的人口红利也将不断削弱，由劳动力供给所推进的经济增长模式也将发生较大转型。

## 二、债务与经济增长

债务对于经济增长存在着重要影响。20 世纪 80 年代以来，以美国为代表的国家通过经济的金融化促使生产和消费全面举债，形成债务驱动的经济增长模式——在经济增长的同时伴随着政府的财政赤字、企业债务、消费信贷和国际贸易赤字等方面指标的迅速上升。

债务驱动经济增长模式的最基本特征在于各个社会主体部门可以依靠借债实现先投资后积累、先消费后收入。在这一过程中，债务是主体部门在生产之前所得到的预付资本，通过生产，各部门可以完成预付资本的偿还，这就使得经济活动实现良性循环。在债务驱动经济增长模式下，各个主体部门可以以更便利的方式获得资金，这意味着资金借贷的成本下降，也意味着社会投资和消费行为更容易发生。如果预付资本来自其他部门，这表明那些部门暂时闲置的生产资源得以更充分地使用；如果预付资本来自未来的收入，这表明各个部门的积累过程与再生产过程同样处于连续不断的状态。

不过在债务驱动经济增长模式下，如果经济体过于依赖债务，债务的增长大大超过了经济活动本身的正常范围，也将带来严重后果。在债务驱动经济增长模式下，由于投融资成本降低比例较高，各个社会主体部门都会加大投资力度，甚至包括那些本来处于衰退阶段、没有发展前景的部门，这就造成了结构性投资过热，甚至形成金融泡沫。例如，从中央和地方的债务效应看，其具有一定的宏观调控功能，能够合理依靠基础设施投资等行动拉动"内需"，以此推动经济增长。但是，从学术研究以及实践上看，中央债务和地方债务并不是越多越好，如何确定实现拉动效力最大的负债规模？这就是一个债务经济边界管理问题。

在债务不断扩张的过程中，社会经济中的重要资金中介部门——金融机构，也有可能从单纯的资金中介转向风险投机，从而进一步加剧债务链条的脆弱性。一旦债务链条断裂，金融危机不可避免。2008年美国发生的"次贷危机"就是这种情况。上述关系是债务和经济增长之间关系的总体描述。对于各个不同主体的债务，它们对于经济增长的影响也存在着不同的作用机制。

**1. 中央政府债务**

在中央政府债务方面，本研究主要关注中央政府发行的国债。从政府财政收支的角度看，国债是中央政府筹集资金的重要来源。中央政府通过发行国债可以吸收信贷市场上多余的储蓄资金。通过发行国债，中央政府可以将筹集的资金直接用于政府投资性支出，用于扩大基础设施建设、完善社会保障体系和改善居民生活条件，这就实现了将多余的储蓄转化为投资，从而满足经济增长的需要。

相对于其他财政手段，国债具有一定的优势，特别是在经济衰退时期。此时实际的国民收入小于潜在的国民收入，政府将会拥有很高的预算赤字。如果政府采用增加税收的手段提升政府财政收入，弥补财政赤字，就会导致居民可支配收入减少，相应的居民储蓄率也会降低，进而导致社会可用于投资的资金量减少，从而加剧经济衰退。此时，如果政府采用发行国债的方法将居民储蓄转化为投资，既弥补了财政赤字，又可以避免因为增加税收而抑制经济增长。

不过，国债规模过高也会给经济增长带来潜在的负面影响。如果中央政府发行过多国债，这有可能通过影响长期实际利率继而挤占全社会投资。另外，高额的公共债务也会带来财政平衡的恶化，政府为了偿还债务而增税或是发行货币同样对经济增长不利。除此之外，过高的国债水平也可能引发银行或货币危机，从而阻碍经济增长。

**2. 地方政府债务**

地方政府债务对于经济增长的正效应体现在两个方面：一方面，地方政府发行债务是地方政府实施经济调控的重要工具和手段，特别是当地方财力不足，地方性金融机构也发展不够充分的时候，地方财政投资对于当地产业发展和社会转型起到了重要的推动作用。地方政府通过发行债务可以获得必要的经济调控发展资金，改善地方经济结构。另一方面，地方政府发行债务也有利于提高地方政府公共产品和服务的供给水平。在很多情况下，地方政府通过发行债务所获得的财力主要用于地方基础设施建设和公益性产品的生产，这可以直接改善地方发展和民生环境，为当地经济发展奠定必要的基础。

不过地方政府债务过高也存在着一定的负效应。区域财政收入总是存在一定范围，当地方政府发行的债务超过地方财政的可承受程度时，就导致地方政府背负巨大的偿债压力。地方政府不得不在相当一段时间内耗费大量人力、物力，偿付到期债务，很多地方政府就此陷入偿债旋涡。一旦地方政府无法按期足额偿还到期债务本金，就会迅速影响政府的其他正常支出，使得地方政府正在正常进行的投资项目无法实施，甚至造成地方政府难以履行必要的职能。除此之外，一旦地方财政出现债务危机，这种地方性的债务危机和财政危机往往会最终转移到国家财政，这就加重了中央政府的财政压力。

**3. 企业债务**

企业是现代经济社会的重要构成部分，是全社会内创造价值、满足市场需求的主要主体。企业债务主要服务于企业的生产和管理活动。对于企业来说，债务的来源主要有以下三种：为了企业长期战略性发展需要而筹措的长期债务，为了解决企业短期资金不足而借入的短期借款，企业在日常经营活动中产生的应付项目。其中，企业战略发展需要而对外筹措的长期借款主要用于满足企业在长期战略计划方面的生产和投资活动，包括购置设备、引进技术、开发新产品、实施并购等方面。短期借款则是企业为了应对短期内运营资金不足而向外筹措的资金，例如为了在短期内解决资金周转和临时采购等事务所发行的债务。日常应付项目则是与企业日常经营活动密切相关的事务，例如企业采购和库存、薪酬发放等。企业通过债务方式筹措资本是企业经营的一项基本活动。因为企业在整个经济社会中的重要性，必要的债务规模是支持企业正常经营的基础条件，也是保障宏观经济良性运行的必要条件。

不过如果企业债务过高，也会对经济产生非常负面的影响。企业债务过高意味着企业收入增速滞后于债务增速，这就形成了企业债务的堆积，企业将会把更多的资金用于偿还债务。这就挤占了企业用于其他方面的资金，例如企业的研发和战略并购，企业的自主创新和转型升级的能力将会受到限制。当一个产业内部，企业债务过高的现象非常普遍的时候，产业的整体研发和转型能力都将出现停滞。企业的高负债往往也会降低区域金融资源配置效率，因为很多企业的债务是面向银行的，企业无法顺利还债会导致银行风险加大，形成潜在的金融风险。

### 4. 金融业债务

这里我们主要考察银行业为代表的金融业。在整个经济社会的运行体系中，银行作为资金流通的金融中介，往往开发数量繁多的金融产品，拥有雄厚的资产规模和良好的资金信用。银行的稳健经营对于国家金融体系乃至整个国民经济的平稳运行有着不可忽视的重要性。因此，银行债务将会对经济增长产生重要影响。

银行业行使的是资金流通中的信用中介的作用，银行的负债业务是银行业务中的基础业务。负债业务的规模和稳定性直接制约着银行资产业务和中间业务的规模和发展。因此，商业银行往往将负债结构作为银行风险管理的重点。适合的负债结构可以促进银行资产业务和中间业务的积极发展，为银行提供巨大的发展潜力。如果银行的债务过高，或者是债务结构不合理、长期或短期债务的比例不均衡，将在流动性上制约企业资产业务和中间业务，进而束缚商业银行的快速发展。银行债务过高，甚至还将影响整个国家经济社会的稳定性。

### 5. 居民债务

居民债务所针对的是社会普通人群的家庭负债。负债是居民在进行消费决策时所必须要考虑的因素。特别是在我国当前资本市场还不够发达，普通人群还缺乏足够的金融产品用于投资和消费的情况下，负债是居民家庭实施跨期消费、提升生活水平的重要手段之一。

居民债务的微观意义非常清晰。适度的家庭债务可以平滑收入，个体可以在充分考虑自身偿债能力的前提下，提前消费一些大额的商品，提高家庭的生活质量；过度负债则会造成家庭的财务压力，反而降低家庭生活质量。除此以外，居民债务也具备显著的宏观意义。居民债务的迅速上升会带动一般中等家庭甚至低收入家庭的非理性消费。如果这一现象非常普遍，会在特定区域内挤占其他商品的消费，损害产业的正常发展。过高的居民债务还会导致金融系统的风险。如果居民债务水平高于一定比例，有可能出现偿债困难，那些高负债的家庭将普遍出现还不起款的现象。此时，商业银行是首当其冲的受害者，它将面临承受大量呆账坏账的风险。因此，居民债务对社会稳定、金融安全乃至整个宏观经济体系都有重要的影响。

### 6. 外债

外债是一个国家向外国居民、企业或政府的借债。在经济全球化和资本账户流动性日益加大的今日，适当增加外债份额对本国经济发展有着较大的促进作用。对外债规模还处于低位的发展中国家来说，外债的积极作用更为明显。具体而言，适度的外债规模可以产生以下几个方面的积极效应：首先，外债是国内公债的替代品。用外债来替代部分国内公债，可以在一定程度上缓解债务对国内利率的影响，从而降低债务融资成本，避免过大规模的债务对经济增长的负面作用。其次，中长期外债一般投向一些基础设施的建设，这部分外债基本都会转化为一国的投资部分，进而积极影响国家的经济增长。另外，在很多情况下，国家在引进外债的同时，也会带来技术和创新方面的外溢效应，从而带动国家的研发活动，进而引起组织和制度上的革新以及促进就业与加强培训等。

不过外债过高，也会给国家带来沉重的经济负担。同时，外债结构失衡，例如商业贷款比重过高或中短期外债比重过高，都会加剧外债风险，减缓经济增长。

## 三、债务拐点的理论含义

### 1. 拐点的经济学含义

拐点在数学领域和经济领域有不同的含义，代表的内容和解释的问题角度也存在一定差异。

从数学领域的角度看，"拐点"的意思是"曲线上凸与下凹的分界点"，英文表达为 inflection point。从经济学领域看，拐点的含义主要表述为一种趋势或状态的转变、转折，英文可以表达为 turning point。因此，拐点表达的是一种趋势、状态的变化，简单地说就是转折点，这与数学含义上的二阶导数的符号发生变化（由大于 0 变成小于 0 或从小于 0 变成大于 0）的拐点定义存在差异。

在经济学领域，比较有代表性的是刘易斯拐点和库兹涅茨拐点。

刘易斯拐点是指在具有二元经济结构的国家中，开始处于农村劳动力过剩阶段，由于农村地区沉淀了大量劳动力，同时农业生产的低效率导致农村劳动力仅能获得维持生存的平均工资，此时工业部门仅需付出略高于生存工资的工资水平即可吸引农村剩余劳动力的转移。由于农村存在大量剩余劳动力，因此工资不需上涨便能够吸引农村劳动力从农业转移到非农产业，劳动力的供给曲线在此时是保持水平状态的。此后伴随着农村剩余劳动力的大量转移，农业生产率开始提高，此时农村剩余劳动力供给紧张，处于劳动力短缺阶段，其工资水平将出现上涨。因此，刘易斯拐点可以理解为剩余劳动力从无限到有限，剩余劳动力工资从不变到增长的拐点。

库兹涅茨曲线是指在一国收入分配与经济增长、环境污染问题之间的倒 U 型关系，如图 1-1 所示。在一国收入分配与经济增长的关系方面，随着一国收入水平的上升，收入分配差距将趋于扩大。当经济水平达到较高程度时，收入差距将开始缩小。这显示经济发展的关注点从注重效率到注重公平的转化，库兹涅茨拐点就是倒 U 型曲线的顶点。类似的，环境库兹涅茨曲线也是指，随着人均收入的增加，环境污染程度将经历较轻、逐步加重、达到临界点然后逐步减轻的倒 U 型变化过程。

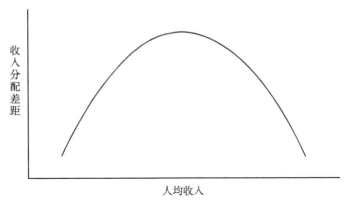

**图 1-1　库兹涅茨曲线**

**2. 债务拐点的经济学解释**

债务也是生产要素的一种类别，其对经济增量的效应，也遵循了经济学领域的边际效应递减规律。这形成了债务拐点的经济学解释。

（1）债务的短期效应分析。

从要素投入和短期生产过程看，其遵循了边际收益递减规律（the law of diminishing returns/the law of diminishing marginal utility）。边际收益递减规律又称边际产量递减规律，是指在短期生产过程中，在其他条件不变（如技术水平不变）的前提下，增加某种生产要素的投入，当该生产要素投入数量增加到一定程度以后，增加一单位该要素所带来的效益增加量是递减的。

边际收益递减规律是以技术水平和其他生产要素的投入数量保持不变为条件进行讨论的一种规律。从一个行业、经济体的债务角度看，其将债务作为资金资源投入生产，单位债务资源投入对产品产出的效用是不断递减的，换而言之，虽然其产出总量是递增的，但是其二阶导数为负，使得其增长速度不断变慢，最终趋于峰值，并有可能衰退，即可变要素的边际产量会递减，如图 1-2 所示。

（2）债务的长期效应分析。

从生产的长期效果看，债务作为生产要素，在假设其他条件没有变化的情况下，对产出的表现也遵从规模报酬递减规律。也就是说，当产量增加的比例小于各种生产要素增加的比例，就称之为规模报酬递减。西方经济学家指出，

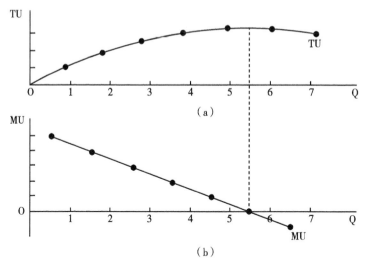

图 1-2　负债的短期效应

一般来说企业的规模报酬变化呈现出如下规律：当企业从最初的小企业创业阶段开始快速增长时，处在规模报酬递增阶段；在追逐利润的驱动下，企业在品尝到生产规模扩张的好处后会继续扩大生产规模，此时企业的收益慢慢进入规模不变的阶段；如若再过分地追求市场的主导权和市场占有率，继续扩大企业规模，就有可能进入规模报酬递减阶段。

同样，对于一个行业或一个国家而言，当经济体从最初的小规模初创阶段开始快速增长时，处在规模报酬递增阶段；在追逐利润、经济效益的驱动下，在品尝到通过增加负债带动经济发展规模扩张的好处后会继续扩大负债要素的投入，此时经济体的整体收益慢慢进入规模不变的阶段；如若再过分地追求经济规模效益，不断增加债务资源的投入，继续扩大经济规模，就有可能进入规模报酬递减阶段，如图 1-3 所示。

从边际收益递减规律和规模报酬的关系看，边际收益递减（也就是边际产量递减）是假设在一个较短的时间内，在其他要素投入量不变的情况下，随着同种生产要素投入的增加而每一生产要素所生产的产品数量是递减的。可以用这样一个式子来表示：$Y=f(L)$，其中 $f''<0$。

规模报酬是指总产量的增长比例小于要素投入的增长比例。简单的表达方式是经典的柯布—道格拉斯生产函数，也就是 $Y=AK^{\alpha}L^{\beta}$。当 $\alpha+\beta<1$ 时，规模

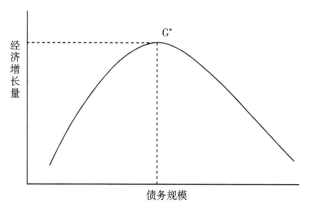

**图 1-3　债务的长期效应**

报酬是递减的。

　　在某一类经济实体扩大规模，当产量的增加规模小于投入的资本等要素的增加比例，认为是收益递减，可以定义为规模不经济。在经济发展过程中，不论哪一类经济体都是追求规模经济，避免规模不经济。因此，就需要研究取得最佳经济效益的合理债务等资本的投入规模及其与各种不同经济规模之间的相互联系和配比，揭示经济规模结构的发展趋势，寻求建立最佳规模结构的主要原则和对策。

　　因此，债务的短期效应和长期效应表明，就一个区域或国家的经济体而言，存在着一个债务规模的边界阈值。在整体债务达到这一债务规模之前，债务对于经济增长的影响无论是短期效应还是长期效应都是正向的；当整体债务超过这一规模后，债务的影响就变成了负向的。这一债务规模的边界值，就是本研究所关注的债务拐点。

## 四、本书研究框架

　　本书的主要研究工作，就是寻找我国全社会债务规模的最优值，并以此思想和方法论为指导，探索研究去杠杆、去负债的最优边界问题。在研究思路上，遵循市场经济发展规律，结合我国经济发展的特点，参考"阈值论"等理论框架，分析归纳我国经济和各类债务发展的整体规律性特征，通过构建科学合理的统计回归模型，寻找债务规模对经济增长影响的拐点。本书的主要内容如下：

**1. 中国全社会债务研究**

全社会债务研究是本书的最重要内容。本书将探讨如何界定和测量中国全社会债务，以及这一债务在过去十余年内的发展演化规律。在此基础上，本书将开发全社会债务与经济增长的计量经济学模型，通过定量分析，测算中国全社会债务的拐点。研究结果将从整体上揭示当前我国债务规模总量特征，并提出相应的整体性管理建议。

**2. 政府债务研究**

在中国全社会范围内，政府由于其独特的功能和角色，在经济转型和发展中起到了重要作用。政府债务也成为经济研究和分析的重点。在关注了中国全社会债务后，有必要就政府债务特征开展定量分析，探索政府债务是否如同全社会债务一样存在类似的拐点。由于近年来政府债务的飞速扩张，这一研究尤其具有重要的现实意义。

**3. 银行业债务研究**

银行业是金融业的主要构成之一，也是我国宏观经济运行和发展的重要支柱性产业。本书同样将银行业作为分析的重点，探讨我国以银行业为代表的金融业负债水平发展趋势。基于同样的研究思路构建了银行业债务与经济增长的定量模型，并据此分析了银行业负债的可能拐点。本书还分析了当前我国以银行为主的传统金融服务模式面临的内外部挑战，以及相应的转型方向。

**4. 虚拟经济与实体经济比例合理性研究**

实体经济与虚拟经济之间的严重非均衡，已经成为当前我国宏观经济运行中的一个不可回避的问题。虚拟经济的构成中，债务是其重要成分。本书首先计算得出我国全要素生产率，并分析出全要素生产率的发展趋势和特征变化，进而以虚拟经济与实体经济比例对提升全要素生产率的效应为出发点，研究我国实体经济与虚拟经济的比例问题，提出有利于保持经济持续稳定发展和符合市场规律的实体经济与虚拟经济的合理比例。

**5. 分行业债务杠杆研究**

本书将各个行业的债务规模也作为研究重点，在整体上对各主要行业的债务情况进行描述性的分析，同时也依照本书其他章节所秉承的定量分析思路对主要行业债务规模增长对经济增长（或者是工业增加值）的边界效应进行分析，从而得到各主要行业的债务效应拐点，这为行业杠杆分析和建议提供了参考依据。

**6. 房地产业债务杠杆研究**

房地产对中国经济和居民生活的重要性不言而喻，因此，在分析各行业的债务杠杆之后，本书将房地产作为一个研究重点，提出了测算房地产产业链核心行业债务拐点和去杠杆空间的计量模型，通过量化方法，比较各行业债务拐点出现的时间、去杠杆的空间等重要因素。相关结论具有很强的针对性。

如上所述，基于债务与经济发展的关系、拐点的经济学含义和中国现实经济生活中债务问题的压力，本书希望找到一个债务的合理区间，也就是债务客观上的拐点。

在资本、劳动、技术、制度等经济增长要素中，本书的研究主要是针对资本要素中的重要经济因素——债务来展开。作为经济增长动力之一，债务实际上也是把"双刃剑"，债务拐点现象是非常重要的市场经济现象。本书希望从债务的变化中窥见经济增长的规律，这对于资本相对稀缺的发展中国家尤其重要。

# 第二章 中国全社会债务研究

债务是宏观经济的有机组成部分。宏观经济的良好运行，离不开必要的债务杠杆。不过，当债务的总量规模过大时，宏观经济也将面临严峻的危机。数据显示，当前中国债务总规模近乎是 GDP 的两倍，其中非政府债务的比例已经超过了 80%。同时，5 年间我国经济增长的债务依存度提升了将近一倍。种种迹象都表明我国债务规模已经处在非常危急的时刻。对其进行研究不仅是有必要的，而且是紧急的。

在过去的研究中，对于债务的研究主要是从宏观经济的整体运行角度来观察的，针对债务和经济增长的数量分析还非常少见。大量的研究关注的重点是中央政府债务和地方政府债务，而忽视了在全社会水平上债务规模的衡量以及债务对经济发展的影响。本章使用可获得的数据，界定了我国全社会债务及各类不同主体债务的测量方式，并且对当前全社会债务及各类主体债务的现状和分布特征做了详尽的说明。在此基础上，使用线性回归模型分析了全社会债务规模和经济增长之间的曲线关系。

本章的数据分析结果证实了中国全社会债务拐点的存在，即全社会债务水平的上升首先会带来 GDP 的上升，不过当全社会债务规模达到 96.98 万亿元（2003 年价格）或 134.12 万亿元（2015 年价格）之后，GDP 水平则会发生向下发展的趋势。数据显示，当前我国全社会债务水平已经超过拐点。这意味着债务对于 GDP 的影响已经处于负向阶段。因此，为了经济的有序增长，未来急需在全社会范围内迅速控制债务水平，改善经济结构，推进经济有序发展。

# 一、全社会债务的界定和特征

## 1. 全社会债务

目前国内债务方面的数据非常缺乏，没有有关全社会债务水平的一手数据。我们使用了两种变通的方式来测量全社会的债务水平：

一是资金使用的视角：

这一视角是将整个社会分为两部分：一部分是债务的提供者，主要是银行、信托等提供贷款的机构；另一部分是债务的使用者，是债务水平的衡量主体。债务的提供者和使用者是镜像关系，债务使用者的负债就是债务提供者的债权。从这个思路出发，可以根据社会融资总量得到全社会的融资水平。社会融资总额减去直接融资即股权部分，就得到了债务融资，也就是金融机构向非金融机构提供的融资。不过，这种衡量方法不全面，低估了部分融资渠道的融资规模，比如民间融资、P2P 融资等，没有涵盖进去。同时，国家负债即通过发债融资（国债+地方政府发行债务）的方式也没有涵盖进来。因此，上述计算方式可以用一个公式适当调整：

全社会债务 1＝社会融资规模－非金融企业境内股票+国债+地方政府发行债务

二是资金提供的视角：

这一视角主要关注经济体中不同负债主体的债务总和。一个经济体的运行过程中，对外融资承担债务的组织或个体通常包括政府机构、企业、居民。其中政府机构又可以细分为中央政府和地方政府。企业按照不同行业又可以进一步细分，例如，金融业或汽车业都可以独立出来分析。因此，在这一视角下，全社会债务的计算公式如下：

全社会债务 2＝政府负债+企业负债+银行负债+居民负债+外债

从全社会债务的计算过程可以看到，第一种视角是从资金在整个经济社会运行中所扮演的角色和功能的角度来界定全社会债务的。它抓住了债务支持整个社会运行的主要特征。同时，本研究所关注的社会融资规模、非金融企业境内股票规模、国债、地方政府发行债务等，均有较为充分的公开数据供分析，这降低了研究的难度。不过由于经济社会的复杂性，它难以涵盖全社会范围内所有的融资方式，因此会低估全社会的负债规模。

第二种视角是从经济社会中不同主体的界定入手分析可能的债务来源。这一方法能够清楚地展现不同主体的债务规模特征，并且为全社会的债务结构提供分析依据。不过这一方法的主要缺点在于不同主体债务的数据来源不一，很难分清它们之间的界限，而且，很多主体的债务本身就存在着重叠部分，例如金融机构的负债，在某种意义上就是非金融企业、政府的资产，因此，在这一视角下所估算出来的全社会债务将会被高估。同时，由于政府债务等数据的可得性难度较大，不同主体的债务数据涵盖年度不一，这使得在加总之后，全社会债务 2 的数据涵盖年度非常短，不利于实证工作的开展。

综上所述，虽然方法一存在一定的债务规模低估可能，但基于数据的可获得性以及对后期跟踪研究的可持续性考虑，本书在后续的分析中，使用方法一计算的全社会债务 1 作为当前我国整体债务的主要测量方式，并且应用于进一步的统计分析。

**2. 各类主体债务**

本研究所涉及的不同主体债务包括政府（中央政府及地方政府）债务、企业债务、居民债务、外债。它们都是宏观经济运行的有效成分。

（1）中央政府债务。

数据来自财政部统计年鉴和国家统计局公布的数据。这里的中央政府负债主要是国债余额，其中 1 年期（含）以上国债发行按票面金额统计，1 年期以下贴现发行的短期国债发行额按实际筹资额统计。国债是由国家发行的债券，是中央政府为筹集财政资金而发行的一种政府债券，是中央政府向投资者出具的、承诺在一定时期支付利息和到期偿还本金的债权债务凭证，筹集建设资金、扩大建设规模是国债发行的主要目的。中央政府通过发行国债，可以有效地集中数额巨大的建设资金，加快经济发展的速度。

（2）地方政府债务。

数据来自财政部政策研究室提供的数据，包含了 2007 年以来的各级地方政府债务数据。

（3）企业债务。

数据来自国家统计局年度数据。企业债务指企业所承担的、能以货币计量，将以资产或劳务偿付的债务，其中既包含企业之间的债务内容，又包含企业与金融机构（主要是银行、信托）之间的有息债务。在不同行业的企业负债中，因为银行业的特殊性，我们将对该行业单独开展分析。除此以外，我们也对国有企业的债务情况进行了简单的对比分析。

（4）居民债务。

数据来自中国人民银行统计的居民贷款等数据。

（5）外债。

数据来自国家统计局。外债指财政部代表我国政府对外举借的债务。因其以国家主权信用为基础，又称主权外债，包括国际金融组织贷款、外国政府贷款和境外发行的主权外币债券三种形式。

**3. 债务的趋势分析**

由于数据的可得性，我们使用 2003～2014 年的中国全社会债务水平以及各类主体债务水平（相关数据经过扣除通胀指数，以 2003 年价格为基数）进行趋势分析。从数据分布的基本情况来看，我国全社会债务及各个主体债务水平的分布和发展趋势呈现如下几个特征：

（1）全社会债务规模不断上升。

根据方法一得出的全社会债务数据显示，近年来，中国全社会总体债务水平呈不断上升趋势，如图 2-1 所示。2003 年全社会总体债务水平为 20.37 万

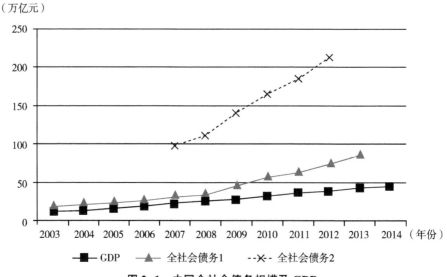

**图 2-1  中国全社会债务规模及 GDP**

亿元，2013 年全社会总体债务规模为 86.12 万亿元，几乎是当年 GDP（43.36 万亿元）的两倍。2015 年这一数据变成 147.13 万亿元，比 2003 年翻了 7 倍，已经是当年 GDP（67.67 万亿元）的两倍多。方法二得出的全社会总体债务数据虽然涵盖时间较短，不过也显示出了很明显的增长速度，由 2007 年的 97.91 万亿元上升到 2012 年的 212.5 万亿元，年平均增长率为 23.4%，2012 年的全社会总体债务规模接近当年 GDP（40.41 万亿元）的五倍。

当然，由于方法二是将几个不同主体的债务水平简单相加，可能存在重复计量的问题，所以计算结果会偏高。不过上述结果也从另一个角度说明了中国全社会债务的总体规模已经达到了非常高的水平。中国全社会债务水平和 GDP 之间的比例关系也与麦肯锡和渣打银行的数据在一定程度上相吻合。

（2）债务增长率 2009 年处于高点，并与经济增长率间呈剪刀差形态。

我们进一步将 2004~2014 年间全社会债务和 GDP 的增长率绘制在同一张图内进行比较。总体来看，GDP 的增长率变动虽然近年来总体呈现一定的降低趋势，但波动幅度并不明显。与此相对照的是，无论是方法一还是方法二计算的全社会债务规模，在 2008 年都有很明显的下降，这可能和 2008 年世界性金融危机有关。在随后的 2009 年它们又同时迅速上升，在达到最高点后开始逐步下降。

根据我们所测算的中国全社会债务增长率特征，可以将债务增长率的变化分为三个阶段（如图 2-2 所示）：2008 年之前可以看成债务的稳定上升期，中国全社会债务增长率总体上保持在 10%~20% 之间；2008~2010 年可以看成债务的波动期，中国全社会债务水平大起大落，波动非常厉害；2010 年之后可以看成债务规模的反弹期。可以看出，虽然中国全社会债务仍有一定程度的波动，不过它们的增长率总体上在回归 2008 年之前的水平。

（3）债务规模与经济增长存在一定相关性。

从数据分布来看，中国全社会债务与 GDP 呈现一定相关性，但债务规模对于 GDP 的推动作用在不断削弱。数据显示，全社会债务水平与 GDP 的相关关系都充分接近 1，这说明负债和经济增长的显著相关关系，也在一定程度上支持了债务对于 GDP 的推进作用。

我们进一步计算了全社会债务水平占 GDP 的比例，可以看到，在各类主体债务规模和 GDP 总量不断增长的同时，债务水平占 GDP 的比例也在不断上

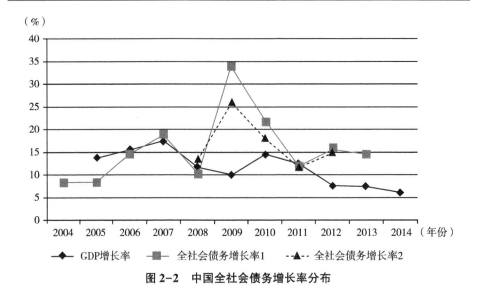

（%）

图 2-2　中国全社会债务增长率分布

升，如图 2-3 所示。这说明随着债务规模的上升，债务对于 GDP 的推进作用在不断削弱。

图 2-3　中国全社会债务占 GDP 比例

（4）各类主体债务同样呈不断上升趋势。

在中国全社会债务结构中，各类主体的债务规模所占比例不均。以 2012 年数据为例，银行业债务已经超过了全社会债务的一半，约占全社会债务的56%，居于首位；其次是企业债务，达到了29%；中央政府和地方政府债务合计共占全社会债务的8%；居民债务约占全社会债务的7%；外债所占比例最低，未达到1%。

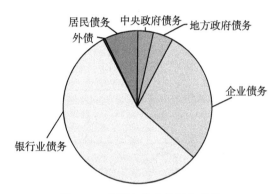

图2-4　中国各类主体债务结构

但是整体上来看，各类债务都表现出了持续增长的趋势。对于政府债务而言，中央和地方政府债务规模总体较大，且地方政府债务增幅高于中央政府债务；除此之外，中央和地方政府债务增长率波动明显，其中地方政府债务增长率波动更大（如图2-5所示）。

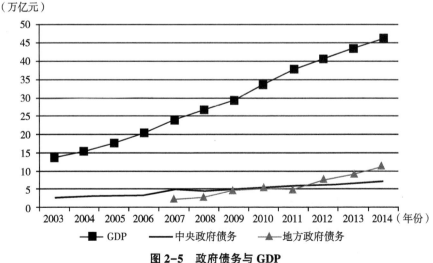

图2-5　政府债务与GDP

企业债务的规模巨大，整体上甚至超过了 GDP 的规模，如图 2-6 所示。企业债务增长率整体上与 GDP 趋同，而且企业债务对于 GDP 增长的支持作用在削弱。

（万亿元）

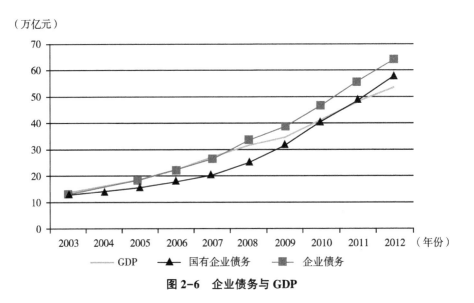

**图 2-6　企业债务与 GDP**

居民债务总额规模较大，与政府债务接近（如图 2-7 所示），但是，随着近年来中国城镇居民购置房产、汽车等资产行为的不断升温，居民债务对于经济增长的刺激也成为社会各界所关注的问题；从增长率上来看，居民债务增长率和全社会债务的增长率波动特征较一致，居民债务对于 GDP 增长的支持作用同样在削弱。

综上所述，近年来，中国全社会债务水平以及各类主体实际债务水平呈不断上升趋势。从数据的绝对值看，根据我们设计的方法和口径计算的全社会债务规模，2013 年的规模为 86.12 万亿元，几乎是当年 GDP（43.36 万亿元）的两倍。这一比例关系也与麦肯锡和渣打银行的数据在一定程度上相吻合。不过，我国全社会债务结构中，各类主体的债务规模所占比例不均。同时，全社会债务和各主体债务增长率波动特征明显。它们大多在 2008 年有很明显的下降，这可能和 2008 年世界性金融危机有关。在随后的 2009 年它们又同时开始上升，为近几年的最高增速。

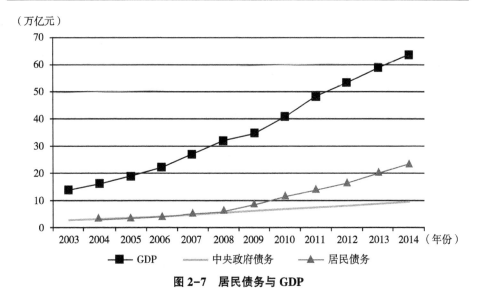

图 2-7　居民债务与 GDP

## 二、债务发展的国际比较

### 1. 中国债务发展史

中国的国债是从改革开放后才真正发展起来的。改革开放前，我国一直奉行"既无内债，又无外债"的财政和金融基本原则，除了 20 世纪 50 年代"大跃进"期间发行的"人民胜利折实公债"和"国家经济建设公债"外，没有发售任何国债，债务市场处于沉寂状态。改革开放后，我国于 1981 年恢复了国库券的发行，但发债规模不大，1981~1987 年间，国债的年均发行规模仅为 59.5 亿元。由于此时发行国债的体量较小，无法形成完善的一级和二级市场，因此国债多向国营单位和有购买能力的个人进行任务摊派，个人认购甚至可以比单位认购享受 4% 的利率增加。

1988~1996 年是我国债券市场真正起步的阶段。在这 8 年期间，我国国债的年发行规模上升到 284 亿元。1988 年我国在 61 个城市分批建立的国债流通转让试点在我国债券市场的发展史上具有重要的意义，这一举措建立了我国国债场外交易市场的雏形。1990 年，我国开始将国债放在上海证券交易所和深圳证券交易所进行交易，并催生了一系列的中介交易金融机构，逐步形成了国债的场内交易市场。1991 年，财政部建立了国债发行的承购包销试点，标志着我国国债发行市场的初步建立。1993 年，财政部开始建立国债一级自营商制度，并于同年推出了国债期货和回购两个创新金融产品。1995 年，由于国债期货市场上金融机构的投机行为严重违规，使得国债期货交易于 5 月份暂停。1996 年国债的一系列变化使得我国国债真正走向正轨。这一年，国债的发行频率不仅改为了每月一次，品种也有了极大的丰富；在发行上，国债引入了招标发行的方式，并摒弃了纸质的债券，全面实行无纸化，提升了发行效率；央行开始购买国债，国债作为公开市场的金融工具地位越来越重要。1997 年至今是我国债券市场的发展阶段。1997 年中国人民银行决定将所有商业银行撤出交易所市场，创立了银行间债券市场。2002 年起开始按季度公布国债发行计划，并制定了国债承销团制度。2003 年我国出台了跨市场国债转托管办法。自此，我国国债市场形成了以全国银行间债券交易市场、沪深证券交易所国债市场和场外国债市场并存的鼎立之势。

图 2-8 是我国近 10 年的债券市场发行总量。从图中可以看出，2005 ~ 2010 年间我国债券市场发行总量稳步上升，其间 2008 年受到经济危机的影响，发行规模有所下降。2011 年由于宏观经济调整的原因，我国央行减少了国债和央行票据的发行量，而鼓励公司信用类债券的发行。这次结构调整短期内极大程度上降低了债券市场总量的增长速度，但从图中也可以看出，结构调整很好地起到了促进债券市场发展的作用。在之后的 5 年中我国债券发行量急剧增长，2015 年债券市场共发行各类债券 16.82 万亿元，同比增长 53.12%，增速提高了 16.7%。除此之外，结构调整后地方政府债券的发行也大幅上升。这种增速主要是由于置换债券的发行，财政部发行的置换债券成功地将地方存量债务消化。另外，地方政府债券被纳入中央国库现金管理和部分货币政策操作的抵押品范围，也使得地方政府更愿意使用这一金融工具。目前我国的债务市场中地方政府债已经成为发行体量最大的债券种类。

如果从主权债务的角度来看，我国的主权债务一直呈现平稳增长的趋势，且如图 2-9 所示，中央财政债务的债权人多在国内，与日本的情况相似。

（万亿元）

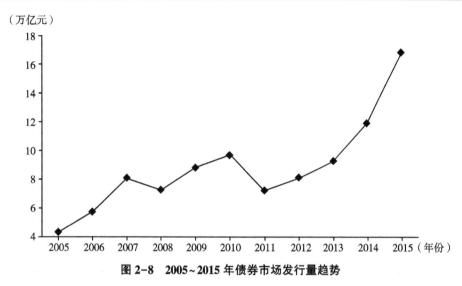

**图 2-8 2005~2015 年债券市场发行量趋势**

资料来源：中债登，2015。

（亿元）

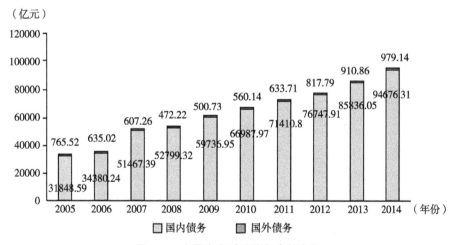

**图 2-9 中国中央财政债务余额变化**

资料来源：中债登，2015。

中国的债券市场虽然发展迅速，但整体存量还是与股票市场等存在一定的差距，债券市场总体上还是处于发展的初级阶段。但从长远的角度来看，债券市场必将在我国金融市场上占据越来越重要的地位。目前市场主流选择的债券种类仍然较为单一，政策性的引导力量较强，如 2015 年财政部的置换债券操作瞬间使得地方政府债成为债券市场的主力。除此之外，我国国债期货仍然处于暂停状态，市场上缺乏相应的债券衍生品，不利于债券市场的发展。

**2. 日本债务发展史**

日本是世界上运用国债最频繁的国家之一。第二次世界大战后，日本为了快速恢复经济发展，筹集资金进行国家建设，于1965年恢复了国债的发行。这一次的国债种类单一，仅向社会出售了7年期的一种国债，发行额为2000亿日元。但随着1973年第一次石油危机的出现，日本经济受到重创，为了弥补财政赤字，日本发行了一种新式国债，并将其命名为"特别国债"。这种国债的出现为日本国家赤字提供了一种良好的解决方式，因此在后面的时间内发行额度节节攀升。1983年，日本批准了国内的银行等金融机构进行柜台交易的许可，使得金融机构、企业法人和个人投资者均可以购买国债，这些群体的投资比例也随之上升。1985年，日本对国内所有的金融机构开放了国债发行权，这一举措使得日本国债市场的参与者迅速增加，个人投资者成为这一阶段的主要购买力量。

随着1997年亚洲金融危机的发生，日本国债在市场上的需求急剧增加，使得政府不得不降低国债利率以降低成本。尽管1998年发行的十年期国债利率已经低至0.9%，但1998年一年却增发了12亿日元的国债。过多的增发影响了国债市场的供求平衡，导致国债价格急剧下降。与此同时，国债的增多也增加了政府的偿还压力。随着第二次石油危机和日本泡沫经济破灭等一系列经济事件的发生，日本只能通过特别国债来解决财政赤字的问题，这一无奈之举更是加大了日本的国债压力。在过去的20年中，日本的国债以接近平均每年40万亿日元的速度增长，如图2-10所示。

从图2-10中的日本国债总量来看，1991年起日本国债发行进入了第一次爆发期。随着日本经济泡沫的破裂，日本在此时陷入了财政收支困境，财政收入在一年内下降了近15万亿日元。日本政府从1991年开始斥重资发展基础设施建设，从1991年前的年均6万亿日元迅速增长到1993年的16.2万亿日元。在这一阶段，日本为了弥补财政亏空，发行了大量的国债，也正是从此时开始，日本的国债总量迅速膨胀。1997年的亚洲金融危机影响了日本经济的发展，促使日本国债发行进入了第二次爆发期。从图中可以看出，从1997年开始，财政投资国债迅速增加，从1997年的8.5万亿日元迅速上升到1998年的

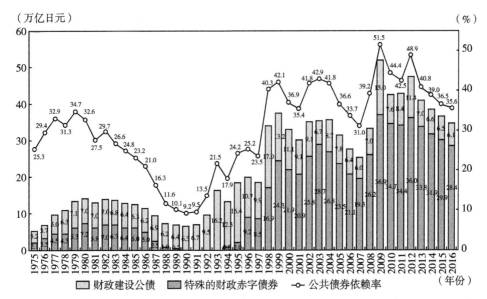

注：1. 1975～2014年：结算结构；2015年：修改后的预算；2016年：最初的预算。

2. 本统计排除了以下债务：1990年为支持波斯湾基础设施建设而发行的特别赤字债券，1994～1996年为了弥补税收赤字而发行的税收削减相关的债券，2011年为了支持日本东部大地震灾后基础设施重建而发行的基础设施债券，2012～2013年发行的波斯湾相关的特别赤字债券。

3. 在计算债券依赖率时，一些为了特殊的税收目的而发行的债券没有被计算在内。

4. 在计算2011年的债券依赖率时，为了支持日本东部大地震灾后基础设施重建而发行的基础设施债券没有计算在内，2012年以后的基础设施债券也没有纳入一般账户支出项目。如果排除所有的基础设施债，2011年的债券依赖率是46.7%。

**图2-10　1975～2016年日本国债总量变化**

资料来源：Financial Bureau, Ministry of Finance, Japan. Debt Management Report 2016 [R]. 2016：170.

16.9万亿日元，而同年的建设国债也从9.9万亿日元迅速上升到17万亿日元。这一年的变化使得日本的债务总量迅速上升，也加剧了政府的债务压力。2008年的经济危机是促使日本国债发行第三次爆发的重要原因。经济危机使得日本的财政收支缺口进一步扩大，政府为了保证经济增长，积极投资建设基础设施，发行的建设债也从2008年的7万亿日元上升到2009年的15万亿日元，增长超过一倍。日本债券问题已经成为其经济发展的主要桎梏。

日本的地方政府债券发展也具有与国债相似的特征，如图2-11所示。日本地方政府债券也基本上经历了高速上升、趋于平缓、逐步下降、再次高速上升等一系列过程。从图中的购买比例可以看出，公共基金购买国债的比例在

1985年达到了顶峰，占到了国债购买比例的75.9%，但随着日本开放了金融机构发售国债的权力后，公共基金购买的比例开始下降，并在2002年出现了第二次断崖式下滑。同时期我们可以注意到公募基金对国债的持有比例开始有了持续而明显的上升，并在2016年达到了持有比例顶峰，预计其持有比例还会继续上升。类似的，财政贷款基金购买国债的占比在1986年达到了58.7%的顶峰。自从2002年日本开始大力发展实体经济后，公募基金逐渐成为了国债购买的主力，政府通过引导市场购买国债，希望能扭转财政资金大量持有国债的局面。

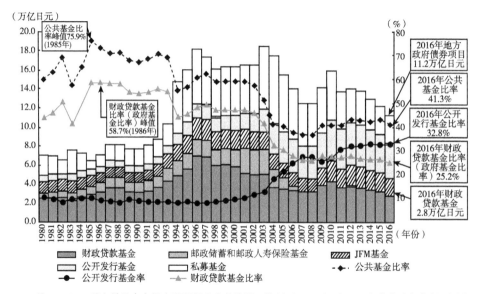

注：1. JFM基金是日本市级金融组织基金的缩写，发行于1979年至2008年的上半年期间，因此2008年下半年的数据使用日本市级企业的数据进行补齐。

2. 截至2006年底，政府基金包含财政储蓄和财政人寿保险基金。

（数据来源：每年的地方财政预算项目）

**图2-11 1980~2016年日本地方政府债券存量及各方购买比例变化**

资料来源：Financial Bureau, Ministry of Finance, Japan. Debt Management Report 2016［R］. 2016：164.

日本的地方政府债券发展也会受到突发性经济危机的强烈影响，但是可以看出地方性政府债券的购买结构愈加趋向于二级市场，因此可以认为日本的个人投资者承受的债务压力也越来越大。日本不仅政府陷入了债务泥潭无法自拔，其民众也大多受到债务危机的影响，社会整体的投资都趋于保守，不利于经济的发展。

从对日本国债和地方政府债券的分析可以看出，日本目前的国家财政债务压力极大，已经严重影响到其经济发展。日本通过大量发行债券来刺激经济增长的方式基本可以断言已经失败。日本的国债余额和债务依存度都已经达到债务危机爆发的边缘，目前的稳定仅仅是因为日本的国债利率极低，使得政府有能力偿还利息。加之日本的国债主要被国内的机构和个人投资者持有，受国外金融机构操作的可能性较小，使得目前的债务仍保持在相对稳定的水平。但是如果日本想要通过经济发展解决债务问题，必须要寻求新的出路，而不是通过不断的发债来弥补财政赤字的问题。

**3. 美国债务发展史**

美国债券的发行来源于1775～1783年的"独立战争"期间，由于华盛顿率领的军队需要军费支持，因此当时的政府发行了超过1.9亿美元的战争国债。此后一直到20世纪上半叶美国的债券市场都没有获得良好的发展，市场上的交易并不活跃。

20世纪70年代，随着石油危机的发生，美国经济进入了高通货膨胀率的阶段，加之布雷顿森林体系的解体，使得美国市场利率大幅度上升并伴随着强烈的波动。投资者为了对冲风险，保证资产的流动性，开始大量购买债券。同时，随着利率全球化和金融自由化的发展，企业和地方政府开始通过自主发行债券而不是银行贷款来进行短期融资。这一系列的举动都催生了美国债券市场的正规化。

20世纪80年代至今是美国债券市场的高速发展阶段。1980～2012年美国债券市场存量规模的增速高达8.84%，远高于同期GDP年均增速5.55%的水平。同时，由于美联储的大力支持，美国债券市场已经成为产品种类最为齐全的全球性金融市场之一，当然也为美国政府、地方政府和企业提供了融资场所。

目前，美国债券市场已经成为包含债券种类最多的债券市场之一。2000年，美国的股票交易市场存量为1.5万亿美元，而债券市场存量为1.73万亿美元，首次超越股票市场，成为美国最大的证券市场。在2001年结束时，美国的债券市场存量已经高达3.95万亿美元，其中有高达0.96万亿美元的债券被海外政府和企业购买。这一变化标志着美国债券市场真正成为全球性的金融市场。

图 2-12 是美国 1996~2015 年发行的债券总量及构成情况。从图中可以看出在 2001 年经济泡沫破裂后美国发行的国债有了显著的提升，而 2002 年房地产等实体行业的发展更使得抵押贷款相关的债券发行达到了顶峰。2008 年的经济危机对美国的冲击使得美国当年发行的债券有一个明显的缺口，随后，为了刺激经济发展，美国发行的国库券数量迅速增加，逐步达到一个较为稳定的状态。同时，另一个引人瞩目的变化是每年发行的公司债券的增加。公司逐渐将债权融资作为一种主要的融资方式，并在美国的债券市场上起着越来越重要的作用。

（十亿美元）

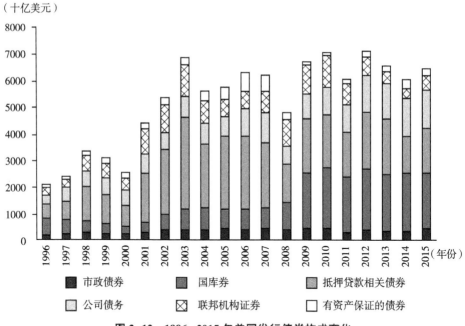

**图 2-12　1996~2015 年美国发行债券构成变化**

资料来源：The Securities Industry and Financial Markets Association（SIFMA），2015［EB/OL］. available at http：//www. sifma. org/legal/，2016，11.

图 2-13 是美国债券市场的存量情况。从图中可以看出储存量市场与发行市场类似，都处于稳步增长的状态，其中不同类别的债券存量增长情况也与发行情况呈同步发展趋势。但是从存量的图上可以看出，美国国库券的存量并没

有在 2001 年后有显著的增加，反而是在 2008 年后有了显著的上升；总债券存量也没有在 2008 年后有一个显著的下滑，说明存量的趋势仍与增量不同。从较为平滑的存量图中我们可以看出美国对债券市场的长期把握还是很准确的，其整体并没有受到经济波动的影响，说明美国的债券市场体系较为成熟，抗风险能力极强。另一个与发行量图不同的地方在于国库券在 2008 年后每年发行的量基本相同，但从存量图上可以看出，2008 年后国库券的存量急剧上升，说明美国在 2008 年后发行的国库券多为长期债券，并不做短期融资用。因此，整个债券市场的久期应该是变长了。延长债券投资组合的久期时间会显著增加债务危机的风险，因此，美国目前的债务危机风险也很大，在未来如何解决这一问题同样值得关注。

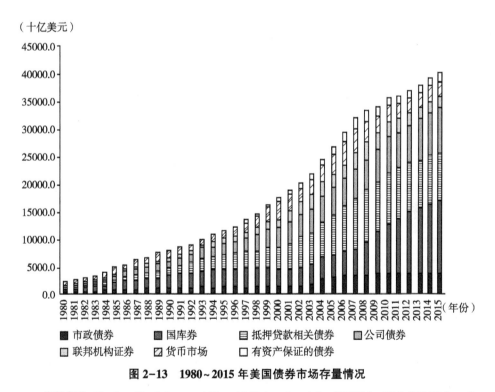

图 2-13　1980~2015 年美国债券市场存量情况

资料来源：The Securities Industry and Financial Markets Association（SIFMA），2015［EB/OL］．available at http：//www. sifma. org/legal/，2016，11.

## 三、全社会债务的计量分析

### 1. 计量分析方法说明

为了进一步研究中国全社会债务及各类主体债务水平和经济增长之间的关系，解释债务促进经济增长的拐点分布，我们采用了包含债务指标和 GDP 指标的计量经济模型。因为全社会债务 2 的数据太短无法执行计量回归，所以在计算全社会债务对于 GDP 的影响时，我们仅使用方法一计算的全社会债务的数据。同时，考虑到经济活动的滞后效应，我们用第 t 期的数据来回归第 t+1 期的数据。

在模型的控制变量上，我们参考了 Checcherita-Westphal 和 Rother（2012）在研究政府债务和 GDP 关系时的做法，主要添加了 1 年期贷款利率作为控制变量，这一变量实际上意味着全社会范围内资金使用的成本。

模型所使用的各个指标的描述性统计量如表 2-1 所示。它们都是以 2003 年价格为基数所得到的数据。可以看到各个指标的数据分布与第一部分所分析的各个主体债务特征是吻合的。

表 2-1 描述性统计量

|  | N | 极小值 | 极大值 | 均值 | 标准差 |
|---|---|---|---|---|---|
| GDP（亿元） | 12 | 154681.809 | 459917.926 | 303403.130 | 105900.014 |
| 全社会债务（亿元） | 12 | 203699.600 | 903267.965 | 488226.228 | 256636.421 |
| 1 年期贷款利率 | 12 | 5.310 | 7.470 | 5.888 | 0.626 |

我们首先使用债务增长率和 GDP 增长率作为回归分析的主要变量。这一计量模型如下：

GDP 增长率$_{t+1}$＝C+b$_1$债务增长率$_t$+b$_2$债务增长率$_t^2$+ b$_3$1 年期贷款利率$_t$+e

其含义是当前债务的增长率是否会对下一期的 GDP 增长产生影响。回归结果如表 2-2 所示。显然，从结果来看，回归系数并不显著，无论是债务增长率还是债务增长率的平方都没有体现出对于 GDP 增长率的明显影响。这说明债务增长率和 GDP 增长率之间并没有明显的关系。

表 2-2　债务增长率的回归结果

| 模型 | | 非标准化系数 | | 标准系数 | t | Sig. |
|---|---|---|---|---|---|---|
| | | B | 标准误差 | | | |
| | （常量） | 14.594 | 13.874 | | 1.052 | 0.328 |
| | 债务增长率 | 14.396 | 85.605 | 0.302 | 0.168 | 0.871 |
| | 债务增长率平方 | -1.005 | 215.141 | -0.008 | -0.005 | 0.996 |
| | 1 年期贷款利率 | -0.933 | 2.801 | -0.151 | -0.333 | 0.749 |

F=0.275

调整的 $R^2$ =-0.278

我们进一步使用债务/GDP 比率和 GDP 增长率作为回归分析的主要变量。这一计量模型如下：

GDP 增长率$_{t+1}$=C+$b_1$债务/GDP 比率$_t$+$b_2$债务/GDP 比率$_t^2$+$b_3$1 年期贷款利率$_t$+e

其含义是当前债务占 GDP 的比例是否会对下一期的 GDP 增长产生影响。回归结果如表 2-3 所示。从结果来看，虽然债务占比平方的回归系数是显著的，与我们之前的设想一致，不过，债务占比的一次项回归系数不显著，因此，这一模型仍然不够理想。

表 2-3　债务/GDP 的回归结果

| 模型 | | 非标准化系数 | | 标准系数 | t | Sig. |
|---|---|---|---|---|---|---|
| | | B | 标准误差 | | | |
| 1 | （常量） | -1.306 | 18.083 | | -0.072 | 0.944 |
| | 债务/GDP | 21.598 | 14.097 | 1.436 | 1.532 | 0.169 |
| | 债务占比平方 | -4.189 | 1.747 | -2.242 | -2.398 | 0.048 |
| | 1 年期贷款利率 | -0.876 | 1.097 | -0.142 | -0.798 | 0.451 |

F=8.549 *

调整的 $R^2$ =0.786

因此，综合上述分析的结果，我们放弃使用债务增长率或债务占比作为模型的主要变量。我们采用全社会债务总量和 GDP 总量作为计量模型的主要变量。计量模型设计如下：

$$GDP_{t+1} = C + b_1 全社会债务_t + b_2 全社会债务_t^2 + b_3 1 年期贷款利率_t + e$$

需要说明的是，由于模型的数据太少，使得单位根及协整检验失去意义。因此，从模型规范性来说，本模型是一个探索性的模型，旨在解释债务和GDP 之间可能存在的数量关系，更加规范和严谨的研究有待于进一步的数据搜集和变量界定。同时，需要说明的是，模型的回归结果中，拐点的存在事实上意味着在该点债务对于 GDP 的边际贡献为 0。

使用数据执行最小二乘法回归的结果如表 2-4 所示。

**表 2-4　全社会债务的回归结果**

| 模型 | | 非标准化系数 | | 标准系数 | t | Sig. |
| --- | --- | --- | --- | --- | --- | --- |
| | | B | 标准误差 | | | |
| 1 | （常量） | -30771.842 | 40350.496 | | -0.763 | 0.471 |
| | 全社会债务 | 0.931 | 0.106 | 2.037 | 8.767 | 0.000 |
| | 全社会债务平方 | -0.00000048 | 0.000 | -1.081 | -4.671 | 0.002 |
| | 1 年期贷款利率 | 5888.476 | 6315.492 | 0.036 | 0.932 | 0.382 |

F = 231.035 **

调整的 $R^2$ = 0.986

### 2. 中国全社会债务的拐点分析

表 2-4 显示，中国全社会债务对于经济增长的正面作用以及可能存在的拐点总体上得到了验证。中国全社会债务 1 和 GDP 的散点分布如图 2-14 所示，从图中也可以大致看出债务和 GDP 的二次曲线关系。

从结果来看，中国全社会债务提升 1 个单位，大概能够带来 0.931 个单位GDP 上升。这一点，大致符合我国历年经济活动的发展现实。同时，债务指标的平方对于 GDP 的回归结果是高度负向显著的，这就证明了债务拐点的存在。而且根据研究结果可以大致推断出中国全社会债务的拐点大概在债务水平达到96.98 万亿元（2003 年价格）或 134.12 万亿元（2015 年价格）的时候达到。

在我们的数据中，中国全社会债务在 2015 年已经达到 147.13 万亿元（当年价格），因此我国全社会债务已经超出了拐点。

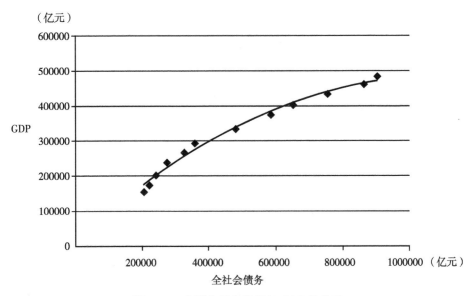

图 2-14　中国全社会债务与 GDP 的关系

　　这表明，中国全社会债务规模对经济增长的效应已逐步减弱，全社会债务对于 GDP 总量的边际影响已经是负面的。全社会债务的继续上升，将会带来对于 GDP 更显著的负面影响。对 GDP 的负向激励对国家而言意味着财政压力的迅速增加，政府需要支出更多财政收入来弥补债务归还甚至是债务利息的偿还。而对于社会其余债务主体而言，债务压力过大意味着企业的经营过于依赖债务水平，也不利于企业发展。从欧债危机的经验来看，当一国的债务对经济的阻碍作用远大于刺激作用时，宏观经济对债务风险的承受能力会迅速下降，任何债务主体出现的问题都会被市场放大，产生一定的连锁反应，直到整个经济体都无力承受债务压力带来的问题。从这个意义上来说，当前我国全社会债务已经成为悬在中国大地上的一柄"达摩克利斯之剑"。因此，如何合理安排全社会债务水平，增加债务主体的风险管理和风险承受能力，是我们正在面对并亟待解决的问题。

## 四、各主体债务的计量分析

　　为了进一步说明中国全社会范围内不同主体债务对于经济增长的影响，仿照上面的分析模型同样可以建立各个主体债务与经济增长的计量分析模型。当然，受限于数据规模，部分研究结论可能不够准确。另外，由于后续章节有专门探讨政府债务和银行业债务问题，因此这里的各主体债务分析涉及企业债务、居民债务、外债，但不涉及政府债务和银行业债务。

**1. 企业债务**

我们采用企业负债总量和 GDP 总量作为计量模型的主要变量。计量模型设计如下：

$GDP_{t+1} = C + b_1 企业债务_t + b_2 企业债务_t^2 + b_3 1 年期贷款利率_t + e$

使用数据执行最小二乘法回归的结果如表 2-5 所示。

表 2-5　企业债务的回归结果

| 模型 | | 非标准化系数 | | 标准系数 | t | Sig. |
|---|---|---|---|---|---|---|
| | | B | 标准误差 | | | |
| 1 | （常量） | −11627.645 | 23524.959 | | −0.494 | 0.647 |
| | 企业债务 | 1.250 | 0.115 | 1.680 | 10.883 | 0.000 |
| | 企业债务平方 | −0.00000077 | 0.000 | −0.690 | −4.469 | 0.011 |
| | 1 年期贷款利率 | 3399.952 | 2237.885 | 0.030 | 1.519 | 0.203 |

F = 881.390\*\*

调整的 $R^2$ = 0.997

表 2-5 显示，企业债务对于经济增长的影响系数显著为正，其平方项对于经济增长的影响则是显著负向的。从结果我们也可以大致推断企业债务对于经济增长存在一定的正面促进作用，这种影响同时也存在拐点。企业债务和 GDP 的散点图如图 2-15 所示，可以看到企业负债和 GDP 的二次曲线关系。根据数据结果也可以大致推断出企业债务的拐点大概在债务水平达到 81.17 万亿元（2003 年价格）或 113.89 万亿元（2015 年价格）的时候达到。

在我们的数据中，企业负债在 2012 年已经达到 64.19 万亿元（当年价格），如果按照 2012 年的债务增长率继续增长的话，在 2015 年将达到 98.21 万亿元，在 2016 年将达到 113.18 万亿元。债务规模接近我们测算出的债务拐点 113.89 万亿元（2015 年价格）。这表明，尽管在当前阶段，企业负债仍处

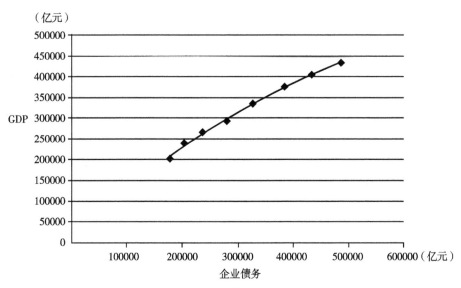

图 2-15　企业债务与 GDP 的关系

于正面的刺激轨道，企业负债的上升仍然能够对于 GDP 有正面的影响，不过当前规模已经非常接近拐点，未来继续拓展的空间不大。

**2. 居民债务**

我们采用居民负债总量和 GDP 总量作为计量模型的主要变量。计量模型设计如下：

$$GDP_{t+1} = C + b_1 居民债务_t + b_2 居民债务_t^2 + b_3 1年期贷款利率_t + e$$

使用数据执行最小二乘法回归的结果如表 2-6 所示。

表 2-6　居民债务的回归结果

| 模型 | | 非标准化系数 | | 标准系数 | t | Sig. |
|---|---|---|---|---|---|---|
| | | B | 标准误差 | | | |
| 1 | （常量） | 79186.836 | 47521.735 | | 1.666 | 0.147 |
| | 居民债务 | 4.648 | 0.616 | 1.984 | 7.547 | 0.000 |
| | 居民债务平方 | -0.00001435 | 0.000 | -1.028 | -3.914 | 0.008 |
| | 1年期贷款利率 | 258.296 | 7433.128 | 0.002 | 0.035 | 0.973 |

F = 138.356 **

调整的 $R^2$ = 0.979

居民债务对于经济增长的正面作用以及可能存在的拐点同样得到了验证。从结果来看，居民债务对于 GDP 的影响非常显著，居民债务提升 1 个单位，大概能够带来 4.648 个单位 GDP 上升。同时，债务指标的平方对于 GDP 的回归结果是高度负向显著的，这证明了债务拐点的存在。居民债务和 GDP 的散点图如图 2-16 所示，可以明显看到居民负债和 GDP 的二次曲线关系。而且，从研究结果可以大致推断出居民债务的拐点大概在债务水平达到 16.20 万亿元（2003 年价格）或 22.72 万亿元（2015 年价格）的时候达到。

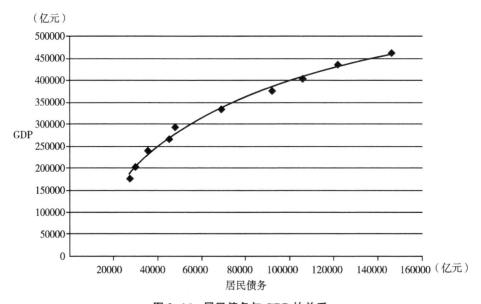

图 2-16　居民债务与 GDP 的关系

在我们的数据中，居民债务在 2014 年达到 23.14 万亿元（当年价格），如果按照 2014 年的债务增长率继续增长的话，在 2015 年将达到 26.98 万亿元，在 2016 年将达到 31.45 万亿元。如果按照我们测算出的债务拐点 25.66 万亿元（2015 年价格），我国目前居民负债在 2014 年之前已经超过拐点。这表明，在当前阶段，居民负债已经处于由正向的刺激轨道向负向的轨道转变的阶段。当前居民负债的拓展应当持非常谨慎的态度。

**3. 外债**

我们采用外债总量和 GDP 总量作为计量模型的主要变量。计量模型设计如下：

$$GDP_{t+1} = C + b_1 外债_t + b_2 外债_t^2 + b_3 1 年期贷款利率_t + e$$

使用数据执行最小二乘法回归的结果如表 2-7 所示。

表 2-7 外债的回归结果

| 模型 | | 非标准化系数 | | 标准系数 | t | Sig. |
|---|---|---|---|---|---|---|
| | | B | 标准误差 | | | |
| 1 | （常量） | −21680.339 | 15199.963 | | −1.426 | 0.168 |
| | 外债 | 26.186 | 4.831 | 1.230 | 5.421 | 0.000 |
| | 债务平方 | −0.00053 | 0.001 | −0.148 | −0.775 | 0.447 |
| | 1 年期贷款利率 | 2907.852 | 1384.164 | 0.163 | 2.101 | 0.048 |

F = 218.204**

调整的 $R^2$ = 0.964

数据显示，外债虽然总额较小，但同样展现出了对于经济增长的正面作用以及可能存在的拐点。从研究结果来看，外债债务对于 GDP 的影响也非常显著，外债规模提升 1 个单位，大概能够带来 26.186 个单位 GDP 上升。同时，债务指标的平方对于 GDP 的回归结果是高度负向显著的，这证明了债务拐点的存在。外债和 GDP 的散点图如图 2-17 所示，可以明显看到外债和 GDP 的二次曲线关系。而且，从研究结果可以大致推断出外债的拐点大概在债务水平达到 2.47 万亿元（2003 年价格）或 3.47 万亿元（2015 年价格）的时候达到。

在我们的数据中，外债在 2014 年达到 0.90 万亿元（当年价格），如果按照 2014 年的债务增长率继续增长的话，在 2015 年将达到 0.93 万亿元，在 2016 年将达到 0.96 万亿元。如果按照我们测算出的债务拐点 3.47 万亿元（2015 年价格），我国目前外债距离拐点还有一定距离。这表明，尽管外债对于 GDP 总量存在负面的拐点，但在当前阶段，外债仍处于正面的刺激轨道，仍有一定的拓展空间。

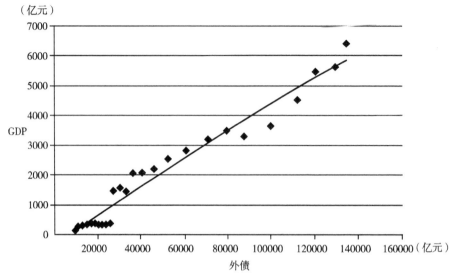

图 2-17　外债与 GDP 的关系

## 五、总结与建议

为了深入研究中国全社会债务及各类主体债务水平和经济增长之间的关系，解释债务促进经济增长的拐点分布，我们采用了包含债务指标和系列控制便利的计量经济模型。我们的实证结果与美国经济学家 Reinhart 与 Rogoff 2010年在《美国经济评论》上发表的一篇经典论文存在着类似的结果。该论文通过国际性的债务比较分析，发现一国政府债务占 GDP 比率超过 90% 时，该国经济增长率将会下降 1 个百分点。因此 Reinhart 与 Rogoff 实际上提出了政府债务的"阈值"。

本书所分析的债务拐点类似于 Reinhart 与 Rogoff 所提出的债务阈值。换言之，当债务规模超过特定拐点时，经济总量将呈下降趋势。不过，我们的研究所关注的拐点涉及中国全社会债务，这就拓展了 Reinhart 与 Rogoff 所关注的政府债务问题。我们的结论实际上意味着，对于中国全社会债务来说，存在着债务拐点，或者叫债务阈值。因此本书实际上是建立了基于全社会债务的阈值理论。

正如前面所说，当前我国全社会债务已经成为悬在中国大地上的一柄"达摩克利斯之剑"。如果不能迅速采取措施，抑制债务规模的继续扩张，就有可能引发严重的宏观经济危机。根据本书的研究，未来应当从以下几个方面加以改进和调整：

**1. 将债务规模控制作为宏观经济调整的工作重点，从整体上控制中国全社会债务水平**

数据显示，中国全社会债务已经接近或达到拐点。换言之，靠信贷或债务推动的 GDP 增长方式已经难以为继。如果进一步加大债务规模，将会对经济增长造成负面影响。这一点在一定程度上验证了 Reinhart 与 Rogoff 及相关学者提出的阈值理论。全社会范围内应当建立和强化合理利用债务杠杆的意识，应当把债务规模控制作为宏观经济调整的工作重点。诚然，债务的不断扩张所带来的杠杆可以带来资本流通的加速，甚至促进经济发展，但是过于依赖债务扩张也将扭曲经济发展的良性结构，威胁全社会的宏观经济安全。从我国目前的全社会债务水平来看，各个债务主体已经熟练掌握了如何使用债务杠杆来获得资金进行发展，甚至一旦出现资金问题就下意识地选择发行债务来渡过难关。这种对债务工具的滥用已经造成了我国全社会债务水平拖累经济发展的现状。在当前全社会债务规模已经接近或达到拐点的情况下，对债务规模的调整刻不容缓。

有关部门应当采取多种措施对当前我国全社会债务规模进行调整，使其在长期中收敛并稳定在最优债务水平上。这就意味着中国全社会债务规模要与经济增长的表现相对应，促进债务余额的增长速度和经济的宏观数值的变动速度能够保持协调。在全社会各类主体债务中，政府债务与企业债务已经处于极高水平，已经对宏观经济运行产生了潜在负面危机，应当加强对这类债务的审计和监管，用极大决心和快速手段迅速遏制它们的扩张速度。对于已经发生的债务，应当通过缓慢吸收的方式逐步缓解债务还款付息压力，直至经济主体运行稳健。

除了通过加大监管来帮助企业和政府建立合理的债务管理体系外，还应该加大对债务知识以及债务杠杆风险的宣传。通过普及金融知识，帮助债务主体建立合理使用债务的理念，使债务市场有序而理性的发展。

**2. 建立完善的金融监管体系，将债务总量控制作为监管重点**

债务问题的有效处理必须依赖于有效的金融监管体系。当前，我国的全社会债务水平之高使得金融监管不得不成为宏观经济的首要问题。从2008年美国经济危机到欧洲主权债务危机等一系列债务危机事件中可以看出，政府如果没有一个完善的金融监管体系，那么国内金融系统中任何小问题都会很快被放大并迅速影响宏观经济发展。由于我国全社会债务水平呈持续增长趋势，所以金融监管体系的建设迫在眉睫。

金融监管体系建设首先应当把实时监管和提前监管作为重要理念。有关部门不能仅在债务结算周期的高峰期再重视债务问题，因为在这一阶段，债务已经处于即将爆发的前夕。一个有效的全社会债务的实时监管体系不仅可以随时评估当下全社会债务的水平和风险，还可以将监管触角触及各个债务主体的运行层面，为它们的债务发行计划和偿还计划做好准备，从而督促各方在发展繁荣的时候平滑将来预期的风险。例如，对于地方政府而言，在债务压力较小的时候可以适当积累一些缓冲资本，用以应付债务偿还吃紧的情况。

当然，监管体系的建立不仅是针对各个行为主体，还要注意对金融高管人员的监管。在日益强调反腐的今天，金融领域由于其高利润的诱惑性仍然是腐败的高发领域。对于债务市场也一样，要在完善对债务主体监管体制的基础上，建立对高层管理人员的监管体系，防止因政策制定等原因而造成的债务危机。除此之外，对高层管理者的合理管控还可以防止地方政府运用权力强行获取银行贷款等行为的发生，从源头上降低债务风险发生的可能性。为了稳定债务体系的运行，可以将高管的薪酬与当地债务风险水平进行挂钩，通过建立终身问责机制等手段来降低高管权力对债务风险的影响，规避他们的道德风险，从而有效地防范债务危机的发生。

**3. 完善财政分权制度，明确中央政府和地方政府的权力和责任**

全社会债务是一个较为庞大的话题，需要各方协调合作。由于政府在经济发展和社会转型中的重要角色，在债务控制和监管方面，从中央到地方各级政府，都要明确自身责任，主动担起协调与指导全社会债务的担子。

中央政府要在确定全社会债务规模与风险承担上起到表率作用。一方面，在使用债务工具推动经济发展时要足够胆大，合理评估全社会债务对经济的促进作用，该使用债务工具时不要畏畏缩缩，错失推动经济发展的机会；另一方面，不能仅仅关注到债务对经济发展的促进作用，也要关注债务对宏观经济风险的影响，全社会债务水平过高会给社会经济带来极大的压力，政府债务的提升也会给财政平衡带来很多压力。中央政府要合理认识与看待债务工具，对宏观经济水平有一个清晰的认知，不仅为地方政府做出表率，还可以帮助社会其他债务主体进行合理的债务水平评估和风险管控。

对地方政府而言，是否放开发债权力则是需要审慎考虑的事情。在事权的划分中，不仅要考虑地方的需要，也要考虑地方的偿付能力。通过合理划分财权，规范转移支付制度等手段，可以很好地避免因地方政府滥用权力而导致的财政困难现象，通过合理的债务拉动经济发展。

**4. 积极调整实体经济与虚拟经济之间的关系，鼓励和发展实体经济**

目前，我国的虚拟经济规模已远超实体经济发展的需要，已经对实体经济的良性发展产生负面效应。为了更好地管控债务这种虚拟经济，我们建议提高金融机构和资本市场的准入条件，保证虚拟经济与实体经济发展的步伐协调，避免流动性过多滞留在虚拟经济领域，要精准、高效地将资金引导至实体经济领域。

在虚拟经济方面，一要提高金融机构设立条件和资本市场的准入门槛，规范金融市场发展秩序，强化准入标准在产品设计、风险控制、资本约束、从业经验和技术运用等方面的政策要求，必要时可以采用牌照监管方式提高准入条件；二要深刻认识金融创新的实质，以是否提升服务实体经济效率、降低金融和系统性风险为出发点，回归金融创新的本质要求，对于P2P、众筹等所谓的通道型、复制型金融创新要及时稳妥治理和规范；三是对于银行业等风险管理较为规范的机构，要由业务监管向资本监管转变，进一步强化资本监管，在资本约束下，倒逼和鼓励商业银行优化资产结构，提高资本配置的效率和精细化水平，助推银行机构向低资本消耗的模式转型。

在实体经济方面，一方面要加大结构性改革、供给侧改革、产业发展方式转变的力度，逐步提升技术进步、组织创新、专业化和生产创新等对实体经济的贡献；另一方面则是注重将虚拟经济作为支撑实体经济的重要基础，从多方面采取措施，确保资金投向实体经济，有效解决实体经济融资难、融资贵问题，坚决抑制社会资本脱实向虚，防止以规避监管为目的和脱离经济发展需要的"创新"。

总体来看，本书是对债务和 GDP 关系的探索性研究，虽然从结果来看得到了一些较有参考价值的探索性结论，但是研究的局限性也很明显。研究的局限性主要体现在数据方面的匮乏，一是地方政府数据的可获取性难度较大，无法保证后续研究的延续性；二是对于或有负债没有一个清晰的数据规范口径，无法进行合理的整理和分析。这不仅削弱了我们的研究结论的可靠性，也限制了我们使用更复杂的统计方法的可能。

　　预期未来的工作重点是：第一，应当对债务数据进行进一步收集和整理，特别是针对各个省份的债务数据收集。这样可以面向区域差异进行债务和 GDP 的关系分析，从而提升研究结果的有效性。第二，增加或有负债对经济增长的影响分析。未来在有条件的情况下，我们也可以针对政府、不同行业的或有负债情况对于经济增长的影响进行较为规范的研究。

# 第三章　中国政府债务研究

从全球范围来看，政府债务都是各经济体的发展过程中与宏观经济活动密切相关的要素。在过去数十年间，从国外的发展经验来看，政府债务的过度扩张，对于宏观经济有着非常恶劣的破坏作用。因此，在看到政府债务的积极方面的同时，更应当注意到放任政府债务膨胀所造成的巨大风险。目前，国际上有关政府债务的研究已经较为丰富，不过针对中国的研究还相对较少，尤其是定量方面的计量和测量，这使得有关政府债务和宏观经济的研究缺乏立论依据。这也成为本研究的主要机会。

从我国政府债务发展特征的分析来看，中央和地方政府负债规模总体较大，且地方政府债务的规模更高。2014 年，中央政府负债占当年 GDP 的15.0%，地方政府负债占当年 GDP 的 24.2%；二者合计占当年 GDP 的比例接近 40%；政府债务中，中央政府债务比重呈下降趋势，地方政府债务比重呈上升趋势；地方政府负债增幅高于中央政府负债增幅。

从中央政府债务和地方政府债务对于经济增长的作用分析来看，当前中央政府债务对于经济增长的影响仍处于正向的阶段。与此不同，地方政府债务的分析结果显示，在多年之前，中国地方政府债务就已经跨过拐点，进入负面刺激轨道，换言之，地方政府债务的继续上升，将会给 GDP 带来更显著的负面影响。因此，在当前以及未来的较长时期内，应当把消化和吸收地方政府债务作为主要的政策重点，并且进一步增加中国财政的透明度，促进我国经济结构和产业的调整，促进国内经济活动的健康稳定发展。

## 一、政府债务的界定和特征

### 1. 政府债务的概念界定

政府债务，也叫公债，指政府凭借其信用，政府作为债务人与债权人之间按照有偿原则来筹集财政资金弥补财政赤字，履行宏观调控职能的一种信用方式，具体是指政府在国内外发行的债券或向外国政府和银行借款所形成的政府债务。

我国政府债务主要分为中央政府债务和地方政府债务两类。中央政府债务是指中央政府为筹集财政资金而举借的一种债务。目前，从我国政府财政收支的角度看，国债是中央政府筹集资金的重要来源，我国中央政府债务主要指国债。国债是国家以其信用为基础，按照债的一般原则，通过向社会筹集资金所形成的债权债务关系，具体是指中央政府为筹集财政资金而发行的一种政府债券，是中央政府向投资者出具的、承诺在一定时期支付利息和到期偿还本金的债权债务凭证。我国地方政府债务是指为提供基础性、公益性服务，由地方机关事业单位及地方政府专门成立的基础设施性企业直接借入的债务和地方政府机关提供担保形成的债务。

中央政府通过发行国债可以吸收信贷市场上多余的储蓄资金。通过发行国债，中央政府可以将筹集的资金直接用于政府投资性支出，即扩大基础设施建设、完善社会保障体系和改善居民生活条件，这就实现了将多余的储蓄转化为投资，从而满足经济增长的目的。

相对于其他财政手段，国债具有一定的优势，特别是在经济衰退时期。此时实际的国民收入小于潜在的国民收入，政府将会拥有很高的预算赤字。如果政府采用增加税收的手段提升政府财政收入、弥补财政赤字，会导致居民可支配收入减少，相应的居民储蓄率也会降低，进而导致社会可用于投资的资金量减少，从而加剧经济衰退。此时，如果政府采用发行国债的方法将居民储蓄转化为投资，既弥补了财政赤字，又可以避免因为增加税收而抑制经济增长。

不过，国债规模过高也会对经济增长带来潜在的负面影响。如果中央政府发行过多国债，这有可能通过影响长期实际利率继而挤占全社会投资。另外，高额的公共债务也会带来财政平衡的恶化，政府为了偿还债务而增税或是发行货币同样对经济增长不利。除此之外，过高的国债水平也可能引发银行或货币危机，从而阻碍经济增长。

地方政府债务对于经济增长的正效应体现在两个方面：一方面，地方政府发行债务是地方政府实施经济调控的重要工具和手段，特别是当地方财力不足，地方性金融机构也发展不够充分的时候，地方财政投资对于当地产业发展和社会转型起到了重要的推动作用。地方政府通过发行债务可以获得必要的经济调控发展资金，改善地方经济结构。另一方面，地方政府发行债务也有利于提高地方政府公共产品和服务的供给水平。在很多情况下，地方政府通过发行债务所获得的财力主要用于地方基础设施建设和公益性产品的生产，这可以直接改善地方发展和民生环境，为当地经济发展奠定必要的基础。

不过地方政府债务过高也存在着一定的负效应。区域财政收入总是存在一定范围，当地方政府发行的债务超过地方财政可承受的程度时，就导致地方政府背负巨大的偿债压力，地方政府不得不在相当一段时间内耗费大量人力、物力，偿付到期债务，很多地方政府就此陷入偿债旋涡。一旦地方政府无法按期足额偿还到期债务本金，就会迅速影响政府的其他正常支出，使得地方政府正在正常进行的投资项目无法实施，甚至造成地方政府难以履行必要的职能。除此之外，一旦地方财政出现债务危机，这种地方性的债务危机和财政危机往往会最终转移到国家财政，这就加重了中央政府的财政压力。

本书所涉及的中央政府债务主要考虑国债，数据来源于财政部统计年鉴和国家统计局公布的数据。中央政府债务余额主要是国债余额，其中 1 年期（含）以上国债发行按票面金额统计，1 年期以下贴现发行的短期国债发行额按实际筹资额统计。地方政府债务主要包含了各级地方政府负债，数据来自财政部政策研究室提供的数据，政府债务数据可得性难度较大，本书获得的政府债务数据比较有限，仅包含 1986~2014 年的国债数据和 2007~2014 年的地方政府债务数据。

**2. 我国政府债务规模的趋势分析**

因为中央政府债务和地方政府债务存在较大差异，因此，本书将中央政府债务和地方政府债务分开说明。从数据来看，政府债务呈现如下四个特征：

（1）中央和地方政府债务规模总体较大，且呈增长趋势。

从中央和地方政府债务规模来看，在可获得的数据区间，中央和地方政府债务的绝对规模较大，并且都呈不断增长的趋势。数据显示，中央政府债务从1986年的541.82亿元剧增到2014年的95655.45亿元，地方政府债务从2007年的24497亿元膨胀到2014年的154074亿元，并且2012~2014年，地方政府债务规模高于中央政府债务，如图3-1所示。由于中央政府债务和地方政府债务的绝对规模较大并呈增长趋势，导致政府债务的绝对规模也较大且也呈上升趋势。数据显示，2014年中央政府债务占当年GDP的15.0%，地方政府债务占当年GDP的24.2%，二者加总的结果则表明2014年政府债务占当年GDP的比例接近40%。这意味着政府债务在中国经济增长中占据了相当大份额的贡献。在中国全社会债务内，它们所占的比例也相当可观。从方法一计算的全社会债务规模的数据来看，2013年中央政府负债占全社会债务的比例为7.4%，地方政府负债占全社会债务的比例为10.4%。

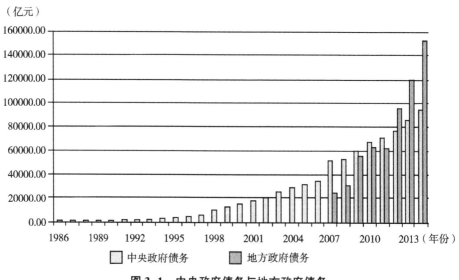

**图3-1　中央政府债务与地方政府债务**

（2）中央政府债务比重呈下降趋势，地方政府债务比重呈上升趋势。

从中央政府债务和地方政府债务占政府债务的变化趋势来看，2007~2014年，中央政府债务占政府债务的比重呈下降趋势，从2007年的68%下降到2014年的38%，而地方政府债务占政府债务的比重呈上升趋势，从2007年的32%上升到2014年的62%，其中，2007~2011年，虽然中央政府债务的比重

在下降，但其比重一直保持在 50% 以上，高于地方政府债务的比重，2012 年
开始发生变化，2012~2014 年，地方政府债务的比重超过了中央政府债务的比
重，如图 3-2 所示。

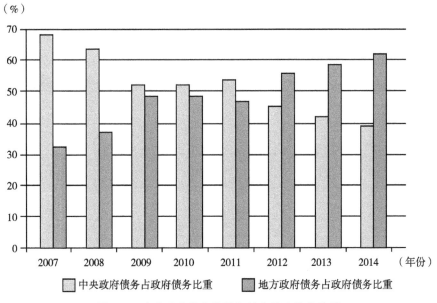

图 3-2　中央政府债务比重和地方政府债务比重

（3）地方政府债务增幅高于中央政府债务增幅。

数据显示在不同主体的债务中，地方政府债务水平的上升最为明显
（2007 年负债水平为 2.18 万亿元，2014 年这一数据变成 11.14 万亿元，增幅
超过 5 倍）。中央政府债务的上升较为缓慢（2003 年中央政府债务 2.64 亿元，
2014 年这一数据变成 6.92 万亿元，年平均增长率为 14.7%，低于其他主体的
增长率）。债务占 GDP 的比例也可以反映出这一点。2007 年，中央政府债务
占当年 GDP 的 19.4%，2014 年这一比例则是 15.04%，下降了约 4 个百分点；
2007 年地方政府债务占当年 GDP 的 9.14%，2014 年这一比例则是 24.2%，上
升了约 15 个百分点。这说明近年来中央政府和地方政府在债务规模方面的策
略和实施手段是不同的。相对来说，地方政府在发行债务融资方面更具有积
极性。

（4）中央和地方政府债务增长率波动明显，其中地方政府债务增长率波动更大。

我们首先计算了在可获得数据区间我国 GDP、全社会债务规模、中央政府债务、地方政府债务的年增长率，在此基础上计算了各个主体的增长率的标准差。因为标准差是衡量数据离散特征的关键指标之一，因此，标准差越高，意味着该项指标的变异性越大。从图 3-3 可以看出，中央政府和地方政府的债务增长率的标准差都比较高，其中，地方政府债务增长率的标准差最高。这说明中央政府和地方政府债务增长率波动都非常明显，其中地方政府债务增长率波动更大。

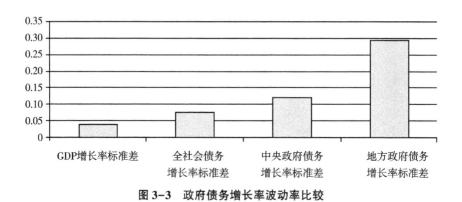

图 3-3 政府债务增长率波动率比较

## 二、政府债务文献综述

债务从出现以来就一直受到人们的关注，高债务带来的偿还性风险也一直被人们所研究，如何合理控制债务规模，规避债务风险，也一直是热门的研究话题。自 2008 年全球金融危机以来，全球各国的杠杆率水平持续上升（田惠敏，田天，2016）。债务问题的严重也使得学术界更加重视债务问题。本部分将主要从中央政府债务和地方政府债务两个角度来进行文献回顾。

### 1. 中央政府债务

现有中央政府债务研究可以分为三类。第一类是对政府债务危机事件的研究。例如，在欧债危机出现时，许多学者开始从福利（余永定，2010）、内部贫富失衡（Greenspan，2011）等角度来解释欧债危机出现的原因，并重点研究如何通过建立完善的政策来解决现存的债务问题。有些学者的研究则认为政府债务是引发经济危机的源头。Burnside（2001）的研究认为东南亚的经济危机正是由政府债务恶化而导致的。Furceri 和 Zdzienicka（2010）对银行系统危机的研究也证明了政府债务对整体经济风险的影响。

第二类研究则开始关注政府债务问题和经济体财务健康的关系。Auerbach（2011）的研究以美国为例，通过建立模型模拟了发达国家的财政缺口以及如何合理安排债务实现可持续发展。国内的张明（2009）和陆晓明（2011）也对美国的政府债务进行了一定的可持续性分析。这一类研究不仅关注特定债务危机事件的影响，而且力图通过债务危机事件构建合理的模型，从根源上帮助政府实现财政可持续发展。

第三类研究以 Reinhart 和 Rogoff（2010）的研究为代表，他们梳理了历史上出现的大大小小的政府债务危机事件，衡量了每次危机对经济影响的大小，发现每次政府债务危机出现的原因和后果都是类似的，但是政府为了保持自己的公信力，往往会通过引导使人们产生这次是不一样的错觉。这种归纳历史的研究方法使学者们可以更客观地衡量政府债务危机产生的原因及危害。Abbas（2011）的研究是这一类型研究的顶峰，他们统计了 1880 年以来所有的政府债务情况，获得了 174 个国家和经济体的数据，成为该领域具有里程碑性质的文献。

无论是哪一类型的研究，现有的研究均承认，不管政府债务的规模和期限如何，它都是影响宏观经济的重要因素之一。最明显的是，政府债务会带来宏观经济的不稳定性。较高的政府债务会造成税务问题的扭曲，政府在无法解决债务问题时往往会通过影响货币税收来摆脱财政危机（Barro，1979），因此政府在大规模发债时，也就意味着通货膨胀的到来（Sargent & Wallace，1981；冯文成，刘英，1993）。一国政府大量发债时可能不会促进经济发展，甚至会影响长期的经济增长率（Baldacci & Kumar，2010）。许多学者都通过实证研究证明了政府中长期债务和人均 GDP 增长率之间是负相关的关系（Saint-Paul，1992；Aizenman，2007）。

面对政府债务问题对经济的不良影响，许多学者也通过研究提出了一些降低政府债务规模、巩固财政情况的方法。研究表明，削减社会保障和政府规模

（Alesina & Perotti，1995），降低政府基础预算，财政紧缩（McDermott & Wescott，1996），选择乘数较低的政策工具进行结构性调整（Sutherland，2012）等手段都可以有效降低政府债务规模。

从目前的研究来看，以往的学者过分强调了如何巩固财政，保证政府财务的可持续发展，并运用了大量的计量模型。但是这些研究多集中在计量层面，获得了许多数据上的结论，对现实的指导意义十分有限。

**2. 地方政府债务**

地方政府为何要发行地方性政府债务？目前的研究整体上将其归结为经济发展的需求（Hildreth & Miller，2002）、财政收入的下降（Mikesell & Mullins，2011）、管理制度不完善（Levine，2011）以及政治需要（Geys，2006）等几种。地方政府债务规模的增长带来了债务管理的压力，也使得学者们开始关注地方债务管理的问题。

西方国家的地方政府债务发展较早，也积累了较为丰富的经验。首先，地方性债务管理不能仅仅依赖行政手段，合理运用市场的调节作用也是十分必要的，市场可以主动对政府进行评级，监管地方政府的信用与履约情况（Lane，1993）；其次，对地方政府的发债权力进行限制也可以帮助管理地方债务，因为这样可以将一部分权力集中到中央政府，从而防止地方乱发债现象的发生（Helisse，2011）；最后，Singh 和 Plekhanov（2006）认为通过合理地规定风险预警指标可以有效地防范地方债务风险。当地方政府的财政赤字或债务依存度过高时，限制地方政府的债务行为，可以很好地监控其风险。

我国的地方债务问题起源于 1994 年的税制改革。学术界的研究也是从此时开始的。对我国地方政府性债务的研究同样可以分为三个阶段。第一阶段大致在 20 世纪 90 年代中期以前。由于受到我国国情的影响，许多数据无法获取，因此这一阶段的研究多集中在理论论述和分析层面，并且带有很强的政策导向。例如，张强和陈纪瑜（1995）的研究指出了地方性政府债务的重要性，他们认为建立完善和健全的地方政府财政投融资体系是解决我国地方政府债务风险的关键。

第二阶段大致是从 20 世纪 90 年代中期到 2008 年前后。其主要标志是 1997 年东南亚金融危机的爆发。在这一背景下，我国为了避免经济衰退，推出了扩张性的财政政策，也在一定程度上带动了地方政府债务的扩张。很多学者开始从现象入手研究地方性债务问题，并且开始较多使用区域层面的数据进行分析（林国庆，2002）。一些学者认为地方性政府债务的形成是由于财政制度的缺陷（郭琳，陈春光，2002），政府应该通过增大财政收入，规范公共支出（芮桂杰，2003），建立债务偿还机制（林胜，2005）等手段来避免地方政府的财政风险。

　　第三阶段是 2008 年以来，随着世界性金融危机的发生，以及积极财政政策的不断推出，我国地方政府债务的规模上升趋势非常明显。与此同时，国内债务研究的范式受到国外的影响也日益多样，不仅研究角度多样化，研究方法也越来越规范。学者们首先从国内情况和国际经验两个角度探讨了赋予地方政府发行政府债权力的可行性（胡文骏，2010；尹守香，2010），认为地方政府自主发债不仅有利于缓解地方财政困难，而且是促进经济发展的重要手段。然而，也有部分学者提出了质疑，苗连营和程雪阳（2009）认为我国的制度不足以支持地方政府自主发行债务。这一阶段不仅争论十分激烈，还大量引入了国外对地方政府债务问题的研究，希望通过学习国外的管理制度，形成适合中国的管理形式。

　　事实上，对于中国这样处在经济转型期的国家，除了国内学者的关注和研究外，国外学者也表现出了极大的兴趣。Mello（2009）认为，处于转型期的国家由于发展较为迅速，政府往往缺乏资金进行基础设施建设，因此更有可能举债融资。而 Hogye（2002）却认为，转型期国家的政府力量较大，不能完全使用市场观点看待地方债务问题，这些国家的发债情况更多地具有计划经济的特征，因此财政收支的计划性很强，不容易出现债务更高的情况。

　　总之，目前关于地方性政府债务的研究已经有了一定的成果，也得出了许多有意义的结论。不过总体来看这些研究在理论层面进行分析的居多，在实证方面通过数据的收集、测算、挖掘，进而形成相关结论的则比较少。这可能是因为相关领域数据的高度匮乏。这也正是本研究试图探索和解决的问题。

## 三、政府债务的中外比较

　　本部分将就我国中央政府债务、地方政府债务及美、日、欧政府债务发展历程做一简要回顾，以期能够从中总结经验，为当前及今后优化我国政府债务问题提供一些帮助。

**1. 我国政府债务发展历程**

（1）中央政府债务。

新中国成立以后，我国中央政府债务——国债——经历了一个产生、低落、复苏、扩张、膨胀的历史发展过程。

1950~1958 年是中央政府债务的产生阶段。这一阶段，我国处于新中国成立初期，国家发展面临巨大困难和严峻考验，当时为了保证革命战争的供给以及改变生产衰败、通货膨胀、贸易萎缩等严重落后的经济局面，我国在 1950 年发行了"人民胜利折实公债"，总价值约为 302 亿元，这是新中国历史上第一种国债。经过三年的经济恢复期，我国进入了有计划的经济建设时期，为了解决经济建设时期的资金缺口，进一步加快国家经济建设，我国在借鉴"人民胜利折实公债"发行经验的基础上，又在 1954~1958 年间分五次面向国内发行公债，发行额分别为 8.36 亿元、6.19 亿元、6.07 亿元、6.84 亿元、7.98 亿元，总额为 35.44 亿元，因这五次发行的公债主要用于国家经济建设，所以称其为"国家经济建设公债"。

1959~1980 年是中央政府债务的低落阶段。这一阶段，由于历史原因，我国拒绝接受国外援助，完全否定了外资对于经济增长的意义，同时也全部否定了发行内债对于经济建设的作用，因此，在这一历史时期，长达 22 年之久，我国对内没有发行过任何国债，不仅如此，而且还以惊人的速度分别在 1964 年和 1968 年偿还了所有外债与内债，这一时期，是我国既无内债又无外债的历史时期。

1981~1993 年是中央政府债务的复苏阶段。20 世纪 80 年代，由于实行经济体制改革和对外开放，调整了政府与企业之间的分配形式，企业减税让利导致政府财政集中的资金占国民收入的比重不断下降，企业和地方可支配的资金增长幅度较大。中央政府财政收入在国民经济收入分配格局发生变化的情况下已无法满足财政支出的需求，因此在 1979 年和 1980 年连续两年出现严重的财政赤字。1981 年，为了改变当时财政困难形势，我国决定重新恢复发行国债。1981~1987 年间，国债发行总体情况是：年均发行规模不大，为 59.5 亿元，券种比较单一，主要是 5~9 年的中长期国债，还有少部分的 3 年期重点建设债券。1986 年以后，国家治理整顿过热经济，《银行管理暂行条例》明确规定，财政部门不得向中国人民银行透支，因此，很长一段时期财政赤字主要依靠发行货币的方式解决，也就是说向中国人民银行借款，一小部分是发行国债填补。在治理经济环境、整顿经济秩序过程中，财政负担在1988年开始又一次加重，政府为弥补财政赤字临时发行基本建设债券等财政债券。不过，总体来看，1993年以前，财政赤字除了通过中央政府发行债券来弥补外，还可以通过向中央银行透支或借款的方式进行弥补，因此这一历史时期，我国政府债务总体规模不大。

1994~2007年是中央政府债务的扩张阶段。国家为理顺财政银行关系，根除通货膨胀和财政赤字的直接联系，在1993年出台了相关文件，文件明确规定：禁止财政部向中国人民银行借款，财政赤字通过发行国债弥补。因此，1993年以后，发行国债成为政府弥补财政赤字、偿还债务本金以及支付债务利息的唯一手段，由此也就引发了国债发行规模的迅速扩张，政府债务开始大幅增加，国债发行额在1994年首次突破1000亿元大关。1997年亚洲金融危机爆发后，为化解金融危机对中国经济的影响，1998~2004年，中国实行了以扩大国债投资为主的积极财政政策，政府债务和财政赤字急剧增加。2004~2007年，中国财政政策由积极财政政策转向稳健财政政策，但财政预算仍然是赤字。2007年，股票市场出现泡沫，股票交易印花税等税收大幅增加，中国经济高涨，中国财政25年后首次出现财政盈余。

2008年至今是中央政府债务的膨胀阶段。2008年随着全球金融危机的爆发，国家财政又一次陷入赤字，为应对金融危机对经济的影响，我国再次实行积极财政政策，启动了以政府4万亿元投资为标志的经济刺激计划，形成了新一轮投资热潮，政府债务水平上升到一个前所未有的高度。

（2）地方政府债务。

新中国成立以后，和中央政府债务发展历程类似，我国地方政府债务同样大致经历了初步发展、初步扩张、急剧扩张、持续增长、急剧膨胀的历史发展阶段。

1979~1992年是地方政府债务初步发展的阶段。新中国成立之后，我国曾经在1958年颁布过《关于发行地方公债的决定》，文件阐明在必要时允许地方政府发行建设公债。地方政府债务最早可追溯至1979年，当时有8个县区开始举借地方政府债务。1979年以后，各级地方政府便先后开始举借债务。

其中，1981~1985 年间，合计有 28 个省级政府（含计划单列市）开始集中举借债务，地方政府通过不断发行债务，把大量资金投向了基础设施领域，盲目的投资冲动导致一系列问题凸显，如产能过剩以及通货膨胀等。为缓解这一局面，国务院于 1985 年公布了《关于暂不发行地方政府债券的通知》，禁止地方政府发行债务。

1992~1997 年是地方政府债务初步扩张的阶段。1992 年，我国开始进入社会主义市场经济体制建立阶段，地方经济快速发展，地方政府债务问题开始显现。1994 年分税制改革，财权重心上移，事权重心下移，财力与事权的不对称加剧了地方政府债务规模迅速膨胀，为了快速发展地方经济，各级地方政府不顾自身财力，进行不同程度的债务扩张。为了控制地方政府盲目举债，1995 年起实施的国家《预算法》明确规定地方政府不允许举债。但 1997 年亚洲金融危机爆发后，地方金融机构存在的风险逐渐显露，地方政府为维护金融体系与社会秩序的稳定，不得不出面承担其支付缺口。

1998~2004 年是地方政府债务急剧扩张的阶段。1998 年下半年，为应对亚洲金融危机等问题，中央政府推行了以国债投资为主的积极财政政策，将国债的大部分通过中央政府与地方政府之间签订转贷协议转贷给地方政府使用，但要求地方政府安排配套资金。地方政府在国家实施积极财政政策期间，为了安排配套资金，获得中央政府的国债转贷项目，地方政府及其他职能部门采用设立各种投资公司等形式进行举债或变相融资，这在一定程度上也诱发了地方政府债务规模急剧扩张。2003 年国务院发展研究中心进行过粗略估算，当时地方政府债务规模至少在 1 万亿元以上。另外，1998~2005 年间，通过国债转贷也形成了大概 3000 多亿元的较大规模的地方政府债务。

2004~2007 年是地方政府债务持续增长的阶段。这一时期，中国财政政策由积极财政政策转向稳健财政政策，财政预算依然出现大量财政赤字。尽管各级地方政府都在采取积极措施全力控制、解决地方政府债务，但是地方政府债务增长的趋势仍在继续。

2008 年至今则是地方政府债务急剧膨胀的阶段。随着 2008 年国际金融危机的爆发与蔓延，2009 年中国经济进入艰难发展时期，为应对金融危机对我国的冲击，中央实施了以增发国债和扩大财政赤字为主要内容的积极财政政策。为加大地方政府投资建设力度，缓解地方政府在执行 4 万亿元经济刺激计划时所面临的财政压力,财政部首次代理地方政府发行了 2000 亿元的地方债券。地方政府投资规模的扩大一定程度上又推高了地方政府的债务规模。2009 年地方债务由 2008 年底的 5.56 万亿元暴增至 9 万亿元,同比增长 61.7%。截至 2014 年底,全国地方政府债务已膨胀到 15.4 万亿元,占当年 GDP 的 24.2%。

**2. 美国政府债务发展历程**

美国的政府债务问题自美国立国之日开始就始终存在。事实上,自美国成立以来,就不断伴随着大规模战争。为了满足与战争相关的战前资源筹备、战时军队补给以及战略区域重建等任务的融资需要,美国政府不断扩展其政府债务,政府债务在宏观经济增长中的重要性越来越得以彰显。纵观美国政府债务发展历史,大致可以分为产生、发展、扩张、膨胀四个发展阶段。

早在美国立国之初就举办了大陆会议,会议的成果之一是发行战争公债。这笔战争公债就是最早的美国公债。1789 年美国联邦政府建立之后,当时的内外债连同未付利息按票面价值折成了联邦政府长期国债,这笔大约为 7500 万美元的国债于 1835 年才结清。

美国国债的第一次快速增长是在南北战争期间。1860 年美国国债规模仅有 6500 万美元。随着战争爆发,到了 1865 年,美国国债规模急剧扩张至 27 亿美元。之后,国债规模逐年收缩。直至"一战"的爆发促成美国国债规模的猛增,并且由战前的 57 亿美元猛增至 1919 年的 274 亿美元。

20 世纪 30 年代以后,罗斯福总统为克服世界性的经济危机,奉行凯恩斯宏观经济思想,以大量举债的方式来刺激经济,史称"罗斯福新政"。"罗斯福新政"大量发行公债用以填补财政赤字,这使得美国的国债规模持续迅速上升。这一上升趋势一直持续到了第二次世界大战。截至 1946 年,公债总额达 2694 亿美元。第二次世界大战结束后,除个别年份公债规模收缩,整体来看,公债规模不断扩张,扩张速度越来越快。公债规模从 1950 年的 2567 亿美元扩张到 1960 年的 2900 亿美元,再扩张到 1970 年的 3826 亿美元。

进入 20 世纪 80 年代之后,美国公债规模仍保持快速上升趋势。1985 年,美国从净债权国转为世界上最大的净债务国,这终结了自 1914 年以来长达 70 年的净债权国地位。正是从这一时期开始,美国宏观经济的发展逐渐走向债务依赖型。

2000 年以来，美国公债规模的上升趋势并没有缓解。相反，在互联网经济泡沫破裂后，由于医疗福利与反恐战争等事务对于政府财政支持提出了更为巨额的要求。美国的财政赤字始终保持在较高水平，财政状况持续恶化。特别是在 2007 年美国次贷危机爆发的时候，这一全球性的金融危机事件对美国的宏观经济运行产生非常严重的负面影响，并且让美国的财政支出呈现更为激烈的上升趋势。为挽救危机的恶劣影响，美国政府推出了三轮量化宽松货币政策，大幅度调低联邦基金目标利率。在积极的财政政策下，辅以宽松货币政策，确实在一定程度上挽救了美国金融业，但也使得美国政府债务进一步高涨。以 2013 年的数据为例，美国政府债务高企至 16. 719 万亿美元，占 GDP 的 100.6%。如果算上 1.191 万亿美元的各州债务和 1.792 万亿美元的地方政府债务，总债务规模占 GDP 的 118.5%，达到 20.531 万亿美元。

**3. 日本政府债务发展历程**

日本政府公债发行历史并不长。在很长的一段时间内，日本政府债务一直处于较低水平，但从 20 世纪 70 年代开始，日本政府债务迅速扩张，其增幅在全世界范围都居于前列。日本政府债务的发行历史可以划分为三个阶段。

1965~1990 年是第一阶段。"二战"之后，日本爆发了经济危机。全社会范围内工业企业产量下降，政府税收收入锐减。为了缓解政府运行压力，刺激经济增长，日本政府首次发行少量债务。这意味着日本政府的财政政策出现了重大调整，由过去的均衡财政政策转为凯恩斯主义的赤字财政政策。首次发行的日本公债目的在于公共建设投资。1974 年所爆发的世界性石油危机又进一步对日本宏观经济造成了冲击，民间投资和消费严重萎缩，经济受到严重影响，生产成本飙升，民间资本支出雪崩式下跌。为提振经济，日本政府迫于压力继续大量发行赤字公债。这一趋势一直到 20 世纪 80 年代之后才得到缓解。

1991~2007 年是第二阶段。在 20 世纪 90 年代初，日本经济泡沫破灭之后，日本经济出现了严重的下滑，全社会投资和消费均呈严重的低迷状况。在这一背景下，1993~1995 年日本政府连续三年大规模发行国债。正当 1996 年之后经济形势有所好转之际，在 1998 年的亚洲金融危机爆发时，迫于危机压力，同时也为了刺激经济增长，日本政府的国债发行再创新高，举借了接近40 万亿日元的债务。

2008 年至今是第三阶段。这是与整个世界范围内的经济波动密不可分的。

随着 2008 年之后国际金融危机的爆发，其影响波及全世界范围。日本政府为应对国际金融危机，再次提高国债发行规模。2009 年 53 万亿日元的国债发行规模，达到有史以来的最高水平。此后日本政府债务规模持续增长，2014 年国债规模达到 1009 万亿日元。

**4. 欧洲政府债务发展历程**

2008 年金融危机发生后，希腊等欧盟国家持续发生债务危机，这引起了全世界的关注。按欧盟《稳定与增长公约》的规定，财政赤字的上限是 GDP 的 3%，公共债务的上限是 GDP 的 60%。2009 年 12 月，希腊政府财政赤字升至 GDP 的 12.7%，公共债务升至 GDP 的 113%，两项指标均不乐观，远超欧盟《稳定与增长公约》规定的上限。在短短一个月内，三大评级公司标普、穆迪、惠誉都先后下调希腊主权信用评级，这迅速引起了市场恐慌情绪的蔓延。在债务市场上，投资者大规模抛售希腊国债。希腊的债务危机在爆发之初，便显示出了巨大的负面影响：欧美各国股市均在开盘后迅速下挫 1% 以上。与此同时，西班牙、葡萄牙、爱尔兰和意大利等国是欧盟成员国，也面临着相似的、严峻的财政状况：财政负债规模过大，占 GDP 比例过高，评级公司的信用评级均出现了不同程度的下调。

2010 年初，经济实力较强的西班牙爆发危机。2010 年 2 月 4 日，西班牙财政部在发表并呈交给欧盟执委会的报告中表示，西班牙 2010 年整体公共预算赤字恐将占 GDP 的 9.8%。这一说法随即引发了市场的严重反应。2010 年 2 月 5 日，西班牙股市当天急跌 6%，创下 15 个月以来最大跌幅。不仅如此，因为西班牙为欧元区内经济实力较强的国家，西班牙债务危机引发欧元区经济的剧烈动荡，欧元大幅贬值。债务危机由希腊、西班牙向整个欧元区蔓延。包括比利时这些外界认为较稳健的国家也开始陷入危机。

随着欧洲主权债务危机的不断蔓延，希腊、西班牙、意大利等国家的债务信用评级持续下调。即使是经济状况较好的德国，债务规模也迅速攀升，债务占 GDP 的比重超过了欧盟的规定。2012 年 1 月 13 日，标准普尔将法国和奥地利的主权信用评级由 3A 下调一个级别至 AA+，同时将葡萄牙、意大利和西班牙主权信用评级下调两个级别。在这一次评级调整中，标准普尔总共下调 9 个欧元区国家的长期信用评级。这意味着欧洲主权债务危机逐步从边缘国家向核心国家蔓延，从小国向大国扩散，迅速升级。

## 四、政府债务的计量分析

因为中央政府债务和地方政府债务存在较大差异，因此，本课题将中央政府债务和地方政府债务对经济增长的作用分开说明。当然，受限于数据规模，部分研究结论可能不够准确。例如，在分析地方政府债务影响时，能够使用的数据只有2007~2013年的数据，这使得计量分析结果不稳定。

### 1. 中央政府债务

和全社会债务一样，我们同样采用中央政府债务总量和GDP总量作为计量模型的主要变量。计量模型设计如下：

$$GDP_{t+1} = C + b_1 中央政府债务_t + b_2 中央政府债务_t^2 + b_3 1年期贷款利率_t + e$$

使用数据执行最小二乘法回归的结果如表3-1所示。

表3-1　中央政府债务的回归结果

| 模型 | | 非标准化系数 | | 标准系数 | t | Sig. |
|---|---|---|---|---|---|---|
| | | B | 标准误差 | | | |
| 1 | （常量） | 17138.047 | 9380.507 | | 1.827 | 0.082 |
| | 中央政府债务 | 2.897 | 0.980 | 0.458 | 2.957 | 0.008 |
| | 中央政府债务平方 | 0.0001749 | 0.000 | 0.541 | 4.027 | 0.001 |
| | 1年期贷款利率 | −109.861 | 859.827 | −0.006 | −0.128 | 0.900 |

$F = 611.009^{**}$

调整的 $R^2 = 0.987$

表3-1显示，中央政府债务以及中央政府债务的平方对于经济增长都是显著为正的，这说明中央政府债务的规模增加会对经济增长起到较明显的促进作用。因此，中央政府债务和全社会债务对于经济总量的影响存在明显不同：中央政府负债并不存在一个向下的拐点。因此，在当前阶段以及今后较长一段时间内，中央政府债务对于经济总量的影响都处于上升期。中央政府债务的继续上升仍能够给GDP带来显著正面影响。

中央政府债务和GDP的散点图如图3-4所示，可以看到较明显的向上的二次曲线关系。

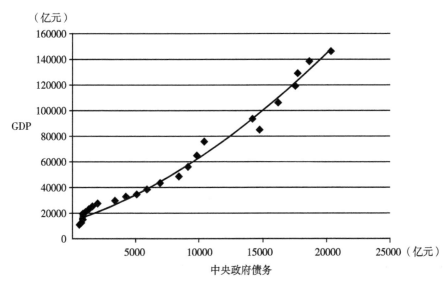

**图 3-4　中央政府债务与 GDP 的关系**

### 2. 地方政府债务

我们同样采用地方政府债务总量和 GDP 总量作为计量模型的主要变量。计量模型设计如下：

$$GDP_{t+1}=C+b_1 \text{地方政府债务}_t+b_2 \text{地方政府债务}_t^2+b_3 \text{1 年期贷款利率}_t+e$$

使用数据执行最小二乘法回归的结果如表 3-2 所示。

**表 3-2　地方政府债务的回归结果**

| 模型 | | 非标准化系数 | | 标准系数 | t | Sig. |
|---|---|---|---|---|---|---|
| | | B | 标准误差 | | | |
| 1 | （常量） | 74133.014 | 124219.111 | | 0.597 | 0.593 |
| | 地方政府债务 | 6.089 | 2.344 | 2.024 | 2.598 | 0.081 |
| | 地方政府债务平方 | -0.00002874 | 0.000 | -1.068 | -1.390 | 0.259 |
| | 1 年期贷款利率 | 11629.475 | 14689.249 | 0.122 | 0.792 | 0.486 |

F = 15.797 *

调整的 $R^2$ = 0.940

表3-2 显示，地方政府债务对于经济增长的影响系数是正的，其平方对于经济增长的影响则是负向的。尽管这一系数没有达到必要的显著性要求，不过这可能是因为数据太少。从结果我们可以大致推断出地方政府债务对于经济增长存在较微弱的正面促进作用，不过这种影响存在拐点。地方政府债务和GDP的散点图如图3-5所示，可以看到地方政府债务和GDP的二次曲线关系。从数据结果也可以大致推断出地方政府债务的拐点大概在债务水平达到10.69万亿元（2003年价格）或14.96万亿元（2015年价格）的时候达到。

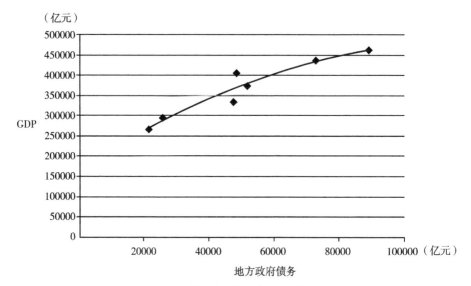

**图3-5 地方政府债务与GDP的关系**

在我们的数据中，中国地方政府债务在2014年已经达到15.41万亿元（当年价格），如果按照2014年的债务增长率继续增长的话，在2015年将达到19.55万亿元。这些数据已经远远超出了我们测算出的债务拐点14.96万亿元（2015年价格）。事实上，数据显示，地方政府债务拐点大概在2014年之前就已经达到了。这表明中国地方政府债务已经进入负面刺激轨道，地方政府债务对于GDP总量的边际影响已经是负面的。地方政府债务的继续上升，将会给GDP带来更显著的负面影响。

## 五、总结与建议

本书所研究的政府债务和经济增长之间的关系是基于现有的债务数据。从分析结果来看，当前我国中央政府债务的扩张仍对宏观经济增长起到一定的正向影响。这意味着在刺激经济增长方面，在中央政府层面进一步扩大政府债务规模仍然是可行的。这种积极的影响还将延续一定的时期。这一点与我们前面所分析的国外的情况存在很大不同。在欧洲主权债务危机国家，它们的债务危机主要是中央政府所发行的债务。因此，本研究的结论显示，中央政府债务和全社会债务对于经济总量的影响存在明显不同，中央政府债务规模并不存在一个向下的拐点。

地方政府债务和中央政府债务的情况截然相反。地方政府债务问题是一个具备中国特殊国情的问题。在国外，地方政府债务并没有很明显的规模危机。但在中国，由于地方政府和中央政府之间的税收分配格局特征，以及地方政府在刺激经济增长方面的内在动机，使得中国地方政府债务问题要远远比中央政府债务更复杂。数据显示，地方政府债务对于经济增长的影响总体上存在微弱的正面影响以及在一定拐点之后的负向影响。目前我国地方政府债务的规模已经超过了这一拐点。在这一阶段，地方政府债务的扩张会对宏观经济增长起到强烈的负面作用。我们认为，在这一情况下，如果仍维持地方政府债务的高位运转，不亚于在悬崖边上继续行走，未来会有高度的债务危机风险。

鉴于我国政府债务发展的特点，以及我国中央政府债务和地方政府债务对经济发展的不同作用，同时借鉴美国、日本和欧洲在政府债务管理中的一些成功经验，本书认为，未来在政府债务方面应当从如下几点加以改进：

**1. 正确定位政府在经济增长中的作用和角色，在适当、适度干预的前提下实现市场效率最大化**

世界性的金融危机以及各个国家债务危机的反复出现已经引发了人们对于政府的角色和作用的重新认识。正如经济学理论所指出的，市场本身并不是完美的，市场的资源调节机制仍然存在不同程度的缺陷，有时候甚至是不利于经济增长的。尽管如此，仍不应当过度放大政府在经济增长中的作用和角色，不能盲目认为在经济和金融危机中，政府就能够解决一切问题。从国际上各个国家对于金融危机的反应来看，政府无疑在调控市场秩序、刺激经济增长中起到了非常重要的作用，但是这并不意味着政府能够取代市场。仍然要正视政府和市场的关系，以及政府在经济增长中的角色和定位。

当前，我国面临着非常严峻的外部发展环境，国内的消费市场、民间投资、劳动力市场也都面临着巨大的压力。在这种情况下，更要正确认识政府的功能和定位。如果一味地强调和放大政府的作用，势必压缩市场力量的自发调节作用。在这种情况下，政府为了实施宏观调控，通过发行债务实现其引导政策也就不难预期了。

从我国当前政府债务的现实状况来看，地方政府债务已经处于负面影响经济增长的轨道中。中央政府债务尽管仍未呈现出其负面影响，但其绝对量也不可忽视。为了有效控制政府债务，尤其是地方政府债务，从观念和意识上首先意识到政府的角色以及债务的负面作用至关重要。在面对错综复杂的宏观经济问题时，应当严格划清政府与市场的界限。政府应集中信息掌控力和规则创造力的优势，扬长避短，厘清自由竞争的边界，以适当、适度的干预手段实现市场效率最大化。

**2. 把握财政刺激计划的力度和时机，从总量上适度控制中央政府债务**

尽管数据显示，当前我国中央政府债务仍处于正面影响经济增长的上升轨道，但应当对债务规模的扩张保持警惕。西方国家长期以来通过发行债务的方式"以赤字还赤字""以债养债"，已经形成了非常恶劣的债务危机。这对我国来说是一个重要的警示。

在看到中央政府债务的正面作用的同时，尤其要冷静认真思考债务规模过大所带来的危机。正如前面所提到的，正确认识政府的角色和功能定位，属于市场自发调控能解决的问题不需要大包大揽。政府部门没有必要也不具备这一能力越权越位。只有在冷静分析和评估宏观经济的现实问题的基础上，才能有效地把握财政政策的时机和力度。在宏观经济问题尚未爆发出来时，特别需要未雨绸缪，以成本较低的手段实现较好的调控效果。如果等到债务问题已经暴露出来，或者当中央政府债务由正面影响宏观经济的轨道转为负面影响轨道时，此时不论什么手段都很难保证实施效果，反而容易造成经济起伏，从过热一下子转为过冷。

本书认为，不论采取什么样的财政手段，都必须把中央政府债务的总量适度控制作为一个基本前提。尽管我们的数据说明中央政府债务仍有一定的拓展空间，不过未来仍要对中央政府债务规模持一定的保留态度，这是因为我们的数据搜集和计量模型是探索性的，所涵盖的变量不能完全反映出宏观经济运行的规律，当把更多的宏观经济因素纳入模型之后，中央政府债务对于经济增长的影响有可能发生变化。因此本书的研究结论是示意性的，并不是完全绝对的。同时，宏观经济活动本身也有很多难以预测的不确定性，当外部环境发生显著变化时，有可能改变本研究所采用的边界条件，从而使得中央政府债务与经济增长的关系发生变化。因此，考虑到当前我国复杂的经济局面，以及中央政府债务总体规模较高的现实，未来仍需要适量控制中央政府债务规模。

**3. 逐步提高我国财政透明度，提升政府资金使用效率**

所谓财政透明度，根据国际货币基金组织的定义，是指政府定期向社会公众公开政府的组织结构和部门职能、政府的财政政策的取向，以及公共部门的账目头寸和财务方面的规划。财政透明度不仅是政府债务管理的需要，也是建设现代化政府，提升政府管理水平的需要。特别是随着我国在社会、经济、文化等方面全方位融入全球化环境中，财政透明度问题也将成为我国在全球化浪潮中增进经济往来，提升国际形象和影响力的重要方面。在分析政府债务问题时，财政透明度也是政府积极实施债务管理，提升资金使用效率，避免资金浪费和债务扩张的重要工作。提升财政透明度就意味着政府部门对公共部门运营过程中所有相关的财务数据进行定期披露，与公共支出相关的预算、税务、资产、负债等信息都向社会公众公布。

目前，与其他国家，特别是欧美发达国家相比，我国政府的财政透明度整体较低，这主要体现在政府的预算报告较为笼统，缺乏较详细的细分指标；预算外的财政收支所占比例较大，使得财政预算管理失去意义；在政府债务方面的信息尤其不完备，很难对政府负债进行深入研究。事实上，和中央政府相比，地方政府的财政透明度尤其不够清晰。很多地方政府所公开的往往只是一些零星的财政数据，缺乏包含预算、资产、负债在内的完整的数据。另外，不同地区的政府所公布的数据往往缺乏统一口径，也无法进行横向比较。这也正是本研究在深入分析债务与经济增长的关系时所遇到的主要困难，在地区（省级区域）层面的数据尤其缺乏，这使得针对地区层面的研究有效性大打折扣。

财政透明度是国家和政府制定宏观政策，尤其是财政政策的基础，同时也是分析政府资产负债情况，应对债务管理的基础条件。在未来的政府债务管理中，应当把提升财政透明度作为主要的工具和手段。应当积极吸收和借鉴国外政府提升财政透明度的经验和措施，逐步缩小我国政府与财政透明度国际标准的差距。财政透明度提升的同时也反过来要求政府部门提升财政政策的科学性，避免过度举债扩张。

**4. 完善地方政府债务管理机制，加强对于债务资金在不同阶段的管理**

政府债务的问题之所以存在，归根结底是现有各级政府层面均没有一套完整系统的债务管理机制。因此，为了有效管理地方政府债务问题，首先需要加强与地方政府债券相关的法律监督体系建设，这一法律体系将对地方政府发行债务的主体资格、资金用途、投放范围、债务偿还、信息披露、危机处理、处罚措施等方面内容做出明确规定。地方政府债务的管理和风险控制也将依托于这一法律体系。

对于地方政府准备发行的债务，要建立举债项目评审制度。对地方政府拟推出的举债项目进行科学评估，特别是对债务规模、资金来源、项目效益等进行认真论证，有效规避政府举债的盲目性。在举债审批中还要强调对于债务资金使用的预算管理，明确资金的使用范围和监督体制。

对于地方政府已经发行的债务，应加强对政府债务性资金使用过程的管理，避免资金在使用过程中偏离其发行目的。应当建立起科学合理的债务资金使用程序，明确资金使用的步骤、责任人、预期成效。与此同时，还应当建立债务偿还跟踪机制，对地方政府部门已有债务，应严格履行债务合同，定期清理不良债务，有效规避各种债务风险。

可以考虑将地方政府融资平台产生的债务按照流动性特征进行分级剥离，将那些流动性较差却可以产生稳定现金流的资产或资产组合，通过金融产品方面的创新，转化为能够自由交易的证券产品。因为这些产品未来能够实现一定的现金流，也就能够提高地方政府的债务可偿还性，从而化解地方政府债务的短期违约风险。

各级政府在制定年度预算时，可以参考西方国家的做法，设置一定比例的资金作为债务准备金，这一准备金的设立将有助于降低债务偿还风险。

**5. 拓展地方政府融资渠道，吸纳民间资本参与地方建设**

为了解决地方政府债务过多的问题，还应当积极拓展地方政府融资渠道，缓解地方政府的融资需要。地方政府发行债务的目的在于满足地方经济发展需要。正是由于其他融资渠道的不顺畅，地方政府不得不广泛依赖于融资平台进行债务融资。如果能为地方政府找到更多可行的融资渠道，就能够替代地方政府现有的债务融资模式。

另外，在地方经济建设中，还应当大力推广公私合营模式，充分引进民间资本参与地方经济建设，利用民间资本来缓解地方在经济建设和财政支出方面的压力。在吸引民间资本参与经济建设，特别是基础设施建设的过程中，应当充分遵循市场运作的原则和规律，构建合理的利益分享机制，让民间资本能够从地方经济建设中获益，从而使得这一模式具有很强的可持续性。

### 6. 转变经济发展模式，构建科学的政绩评价体系

从经济的可持续发展来看，我国地方政府的债务问题与现有的经济增长模式是分不开的。粗放式的经济增长模式是指在生产技术水平较低的条件下，主要依靠增加资金、人力、物力等生产要素的投入量来提高产量或产值的经济增长模式。在这一模式下，地方政府有充分的动机来发行债务获得资金，通过债务融资等方式扩大产值。经济发展模式的转变需要中央政府和地方政府一起努力。中央政府可以通过政策性资金支持、担保、贴息、税收优惠等手段鼓励产业转型，大力支持新兴产业，引导经济模式转型。地方政府也应当有意识地转变经济增长观念，在区域层面制定相应的激励政策，促进产业结构的调整和转型。

地方政府债务过多，还与当前我国政府部门政绩评价体系密不可分。目前，在大量地方政府的政绩指标中，大部分是 GDP 增速、固定资产投资额、招商引资数量、市政建设的发达与美观程度等经济指标。相反，与社会文化、生态环境、民生质量等相关的指标却非常少。这种政绩考核体系也催生了地方政府盲目举债进行基础设施投资的欲望。在短期内，这种债务推动的发展模式可以带来一定的 GDP，不过从长期来看对于经济活动则有很强的负面效应，同时也加大了地方政府的债务风险。因此，应对我国当前地方政府的政绩评价体系进行修正，构建以民生、生态、人文环境改善等为核心指标的政绩评价体系与机制，这也是降低我国地方政府债务规模与风险的必然选择。

# 第四章 中国银行业债务研究

当前，我国以银行为主的传统金融服务模式面临如下外部挑战：一是市场化进程的深刻影响，行业竞争加剧；二是社会融资结构发生深刻变化，金融脱媒现象愈加明显；三是银行亲周期业务面临风险；四是技术脱媒加速，互联网等技术导致银行支付及融资功能边缘化；五是银行负债能力和结构面临拐点；六是流动性风险管理是商业银行"杠杆率"管理的最关键问题。同时，我国银行业在转型发展中存在着一些内部问题：一是一股独大导致公司治理存在先天缺陷，"去行政化"还任重道远；二是商业银行的功能与经营趋同；三是尚未形成"客户导向"的经营逻辑；四是信息技术能力不高，生产力未得到充分解放。

本章主要关注银行业的债务水平以及这一要素与经济增长的关系。数据显示，2014 年我国银行业债务规模是当年 GDP 的两倍以上，其与整体经济规模的比值不断放大。计量分析结果表明，银行业债务提升 1 个单位，大概能够带来 0.479 个单位 GDP 上升。同时，债务指标的平方对于 GDP 的回归结果是高度负向显著的。这就证明了银行业债务拐点的存在。如果按照我们测算出的债务拐点规模 197.54 万亿元（2015 年价格），目前银行业债务对于 GDP 的影响已经进入或者即将进入下降阶段的"临界点"。

从国际银行业发展的规律看，商业银行规模扩张不会没有限度，价值管理是未来我国商业银行发展的方向，在这其中，国家相关调控政策要引导商业银行向"价值银行"发展：一是合理引导商业银行回归"安全性、流动性、效益性"的理性经营理念；二是构建从规则、制度导向调整为资本回报导向的考核机制，推动商业银行由"规模银行"向"价值银行"发展；三是警惕金融业债务的绝对规模，采取适当措施降低金融业的债务水平。

## 一、银行业债务的界定和特征

### 1. 银行业债务界定

从广义上看，金融业包含了银行业、证券业、期货、信托、保险公司等金融机构，由于在前面几章的分析中，针对证券市场、债券市场等直接融资为主的虚拟市场进行了分析，而且证券公司、期货公司、信托公司、保险公司等收取的保证金、保险资金等全部需要托管在银行业机构，成为银行机构的负债。因此，通过对金融机构间资产、负债相互持有的部分的粗略估算和处理，可以大致将我国银行业持有的债务等同于金融业债务。

根据简单估计，从金融业各不同业态的债务规模上看，在我国银行业、证券业、保险业、基金业和期货业的负债规模中，以银行业债务规模占绝大比重。2014 年末，我国银行业金融机构的负债规模为 155.85 万亿元，保险业为 8.83 万亿元，证券业为 3.17 万亿元，基金业和期货业分别为 0.014 万亿元和 0.011 万亿元，如表 4-1 所示。从占比上看，银行业占比高达 92.83%，远超过其他行业；从行业重要性上看，银行业债务基本可以代表整个金融业债务规模的变化情况。

表 4-1　2014 年我国主要金融行业债务规模及占比情况

| | 总负债规模（亿元） | 占比（%） |
| --- | --- | --- |
| 银行业 | 1558479.00 | 92.83 |
| 证券业 | 31694.81 | 1.89 |
| 保险业 | 88336.21 | 5.26 |
| 基金业 | 140.61 | 0.01 |
| 期货业 | 107.75 | 0.01 |

资料来源：中国银监会、中国证监会、中国保监会。各行业总负债规模由总资产与所有者权益（净资产）的差值获得。

从相关性上看，根据 2007~2015 年末银行业、证券业和保险业这三大金融行业的资产相关性，银行业与保险业的相关性为 99.4%，与证券业的相关性为 79.5%，如表 4-2 所示。因此，银行业的资产、负债的变化情况基本能够反映证券业、保险业的规模变化情况。

表 4-2　我国主要金融行业资产的相关性情况

|  | 银行业金融机构 | 证券公司 | 保险公司 |
| --- | --- | --- | --- |
| 银行业金融机构 | 1 | 0.795 * | 0.994 ** |
| 证券公司 | 0.795 * | 1 | 0.851 ** |
| 保险公司 | 0.994 ** | 0.851 ** | 1 |

注：* 表示在 0.05 水平（双侧）上显著相关。** 表示在 0.01 水平（双侧）上显著相关。

　　根据上述分析，由于除银行业外，证券业、保险业等金融机构的保证金、保险资金等全部需要托管在银行业机构，成为商业银行机构的负债，若简单进行累加计算，将增大金融领域的负债规模，或将导致错误分析。而且，银行业债务规模，从绝对量上看，占金融业整体的比例超过 90%，与其他业态的规模发展也具有很强的相关性，银行业发展的趋势基本代表了金融业整体发展的趋势和特征。因此，本书研究的金融业负债，主要考虑的是银行业的负债。

　　相关数据来自国家统计局公布的存款等数据。负债所代表的是银行对其债务人所承担的全部经济责任。从银行业务的角度看，存款、派生存款是银行的主要负债。另外，同业存款、借入款项（或拆入款项）或发行债券等，也构成银行的负债。

**2. 银行业债务发展特征**

（1）银行业存款规模不断上升。

　　银行业所吸收的各类存款是银行业债务的主要构成之一。自改革开放以来，银行业各项存款规模不断增大，但增速有所放缓。从银行业存款规模的发展历程看，大致经历了四个阶段，如图 4-1 所示。

　　1978~1994 年为改革开放初期存款稳步上升阶段。1978 年以后，随着我国各项改革工作的逐步展开，社会经济、人民生活都得到有力改善，银行业存款规模也随之逐步增加。1978 年，我国金融业机构各项存款余额仅为 1155.01 亿元，之后每年以 20% 左右的速度增加，1981 年达到 2000 亿元，1989 年，存款余额突破 1 万亿元。1992 年，银行业各项存款余额突破 2 万亿元，到 1994

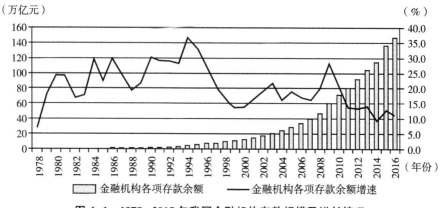

（万亿元）                                                              （%）

金融机构各项存款余额　　　金融机构各项存款余额增速

**图 4-1　1978~2015 年我国金融机构存款规模及增长情况**

年就突破 4 万亿元，增速突破 30%，为 36.60%。从整体经济发展的情况看，1978 年以后，我国整体经济的发展速度逐年加快，1992 年达到 14.2%，可以说，存款规模的增长与整体宏观经济的增长密不可分。1988 年，随着所谓的"价格闯关"，出现了市场抢购风潮，通货膨胀加剧，CPI 同比增速由 1991 年初的 1%，到 1993 年初突破 10%，再到 1994 年的 27.5%。为了抑制通货膨胀，中国人民银行多次提高利率，到 1993 年一度达到 10.98%。同时，国家开始反思"价格闯关"带来的相关问题，逐步转为从提高农产品收购价格、轻纺产品价格入手，稳步有序进行价格改革，并对重工业产品和一些战略性的重要物资产品实现计划内、计划外的"双轨价格"，对一些关系国计民生的产品和劳务价格仍实行指令性价格。

1995~2000 年为存款规模增速放缓阶段。1994 年，国家成立了三家政策性银行，以承担国家专业银行的主要政策性贷款功能。而工商银行、农业银行、中国银行和建设银行等各国家专业银行，在此后转型为四大国有商业银行。同时，国家实施了一系列措施，使得经济发展实现了"软着陆"。随着经济增速由 1993 年的 13%，逐步放缓到 1998 年的 7.8%，价格指数逐步回归到1% 左右。银行业存款方面，仅用 6 年时间，到 1999 年，存款余额就达到了 10 万亿元，10 年间存款余额增加 10 倍。

2000~2010 年为存款规模的平稳上升阶段。2000 年前后，随着我国国有企业改革、高等教育改革、个人住房制度改革等一系列改革措施的实施，以及加入 WTO 后对外贸易的快速发展，在中国整体经济实力提升的背景下，银行业各项存款额也开始较快增长，存款增长率由之前的 28% 的高位下降到 16% 左右，并保持一定的稳定性。存款规模上，在 2001 年为 14.3 万亿元，2003 年突破 20 万亿元，2006 年突破 30 万亿元，2009 年达到 59 万亿元，增长率也达到近 10 年新高，为 28.21%。这一时期，也是中国银行业发展的"黄金时期"，工商银行、农业银行、建设银行、中国银行等中国主要商业银行分步、有序地实施了股份制改造，并先后通过股份制改造，在香港和上海上市，实现了产权多元化，将商业银行的经营目标定位为市场化经营和股东利益最大化，并基本建立起现代金融企业的公司治理框架，基本实现了自主经营、自负盈亏和自担风险。各类银行业金融机构的发展与完善，成为我国经济"黄金十年"发展的重要基础和保障。截至 2008 年末，根据银监会公布的数据，我国银行业机构拥有大型商业银行 5 家，政策性银行 3 家，股份制商业银行 12 家，城市商业银行 136 家，农村信用社 4965 家，农村商业银行 22 家，农村合作银行 163 家。

2011 年至今为增速逐步放缓阶段。2008 年的全球金融危机，对美国、欧洲等地区经济产生了巨大伤害，国外消费需求明显萎缩，在这种情况下，我国对外贸易也受到了明显影响。从 2008 年末到 2009 年上半年，为应对全球金融危机的冲击，中国采取了"4 万亿"经济刺激方案，从中央到地方都相继出台了一系列经济刺激计划。货币政策调减公开市场对冲力度，减少央票发行，保证流动性供应，先后 5 次下调基准利率，4 次下调存款准备金率。财政政策方面推出 4 万亿中央投资计划、调整出口退税率、出台多个行业振兴规划等。在这一过程中，我国商业银行为国家密集出台的这一系列经济刺激措施提供了巨大的信贷支持，2009 年信贷规模呈现了超常增长，保证了全社会众多建设项目的资金需要，对国民经济快速企稳回升发挥了重大作用。但经济刺激计划既有有利的一面，也有一定的负面作用，产能过剩行业矛盾进一步凸显，尤其是 2011 年之后，由于受去产能以及经济转型处于阵痛期等因素影响，经济增速下降到 8% 以下，2015 年经济增速跌破 7%，为 6.9%。在这种宏观经济背景下，银行业金融机构的存款规模虽然整体仍在增加，但增加的速度明显放缓，由过去的 15% 以上开始缓慢下降，2014 年跌破 10%，仅为 9.10%。

截至 2015 年，我国银行业金融机构负债总额达到 179 万亿元（根据银监会公布的数据），比 2014 年新增 14.84%，增速同比上升 1.79 个百分点。根据各上市银行公布的数据，其中，国有控股商业银行负债余额平均增长率为 8.22%，比 2014 年上升 1.29 个百分点；全国性中小股份制商业银行负债余额平均增长率为 16.41%，比 2014 年上升 0.68 个百分点。上市国有控股商业银行负债额累计为 75.97 万亿元，占银行业金融机构总负债的 42.44%，上市全国性中小股份制商业银行负债额占 17.22%。显示出上市国有控股商业银行在银行业金融机构负债业务市场中占据绝对主导地位。

（2）银行业存款类型总体趋于稳定。

从银行业各存款类型的规模占比上看，大致可以分为三个阶段，如图 4-2 所示：

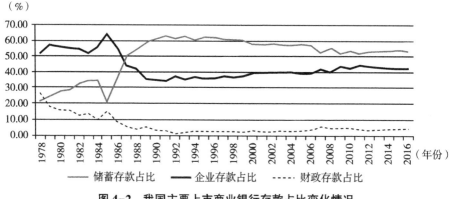

**图 4-2　我国主要上市商业银行存款占比变化情况**

第一阶段是 1990 年之前，为企业存款占比最大阶段。1990 年之前，由于经济发展主要以国有经济为主，人力成本价格偏低，因此，导致此阶段的企业存款占比较高，最高时一度达到 64.18%，但从发展趋势上看，企业的存款处于逐步降低的过程，到 1990 年降低到 35% 左右；随着居民收入的增加，储蓄存款的比重开始逐步上升，由 1978 年的占比仅 21.8%，到 1987 年超过企业存款，成为最大规模存款，再到 1990 年占比上升到 61.32%。此阶段中，财政存款占比一直处于下降阶段，由 1978 年的 26.36% 下降到 1990 年的 3.68%。

第二阶段是 1991~2000 年，属于存款占比结构基本稳定阶段。储蓄存款占比基本保持在 60% 以上，企业存款占比保持在 35% 左右，财政存款保持在

5%左右。储蓄存款占比偏高，一方面是居民收入提高的必然结果，另一方面与 20 世纪 90 年代消费市场尚未完全放开、消费需求受到抑制有一定的关系。

第三阶段是 2001 年之后，处于储蓄存款的比重稳中趋降、企业存款占比保持基本稳定、财政存款占比有所上升的过程。储蓄存款的占比，由 2001 年的 57.47% 逐步下降到 50% 左右，企业存款占比基本保持在 40% 左右，财政存款则由 2.31% 上升到 4% 以上，最高时达到 5.36%。尤其是 2009 年和 2010 年，财政存款占比上升、储蓄存款占比下降最为明显，其主要原因是：一方面，为了应对全球金融危机，扭转经济增速下滑趋势，我国在 2009 年、2010 年实施了积极财政政策和宽松货币政策，不管是中央财政还是地方财政，其支出规模都大幅增加，相应的融资平台公司相继成立，各类企业、机构及经营主体的现金流宽余，固定资产投资的规模和增速均保持在较高水平，从而派生大量财政类存款；另一方面，对于储蓄存款方面，由于 2009 年之后，我国出台了一系列刺激消费以及鼓励个人住房贷款的政策，大量个人资金流向房市、车市等领域，从而降低了储蓄存款的占比。2010 年之后，随着财政政策和货币政策趋于正常状态，储蓄存款的占比出现小幅度上升，但整体上仍处于下降的趋势中。

（3）银行业的主动负债加快，占比上升。

根据《中国商业银行发展报告》的定义，主动负债包括：同业和其他金融机构存放款项、向中央银行借款、拆入资金、交易性金融负债、衍生金融负债、卖出回购金融资产款、应付债券等。从 2006～2015 年我国主要上市商业银行主动负债规模占比情况看，各商业银行主动负债规模在其整体负债规模中的占比逐步上升。

国有商业银行中，工商银行 2015 年主动负债规模为 3.29 万亿元，占整体负债规模 20.41 万亿元的 16.12%，较 2014 年上升 1.37 个百分点；农业银行主动负债规模为 2.51 万亿元，占整体负债规模 16.58 万亿元的 15.15%，较 2014 年上升 1.95 个百分点；中国银行主动负债规模为 2.99 万亿元，占整体负债规模 15.46 万亿元的 19.33%，较 2014 年上升 0.24 个百分点；建设银行主动负债规模为 2.82 万亿元，占整体负债规模 16.90 万亿元的 16.67%，较 2014 年上升 2.34 个百分点；交通银行主动负债规模为 1.87 万亿元，占整体负债规模 6.62 万亿元的 28.32%，较 2014 年上升 1.28 个百分点。

股份制商业银行中，多家银行的主动负债占比均高于国有商业银行，招商银行、光大银行、中信银行、浦发银行、华夏银行、民生银行、兴业银行、平安银行等八家股份制商业银行，2015年的主动负债规模为10.30万亿元，较2014年增长38.35%，增长率较上年提升14.28个百分点。

北京银行、江苏银行、南京银行、宁波银行、江阴银行、无锡银行、常熟银行、贵阳银行等八家上市城市商业银行的主动负债规模为1.67万亿元，较2014年增长44.74%，增长率较上年提升8.88个百分点。

从各类银行的主动负债占其总负债的比例看，股份制商业银行和城市商业银行的占比高于国有商业银行。国有商业银行中，主动负债占比多在15%~20%之间，最高的交通银行，为28.32%；股份制商业银行的主动负债占比多在25%以上，最高的兴业银行，达48.39%；城市商业银行的差异较大，最高的为宁波银行，主动负债占比为42.39%，而最低的为江阴银行，仅占14.76%。

从各主要商业银行的主动负债情况看，2015年，14家主要上市商业银行的主动负债的平均增速为28.19%，比同期负债总额平均增速（12.17%）高出16.02个百分点。其中，城市商业银行的主动负债增长率最高，为44.47%，比其负债总额增速（25.91%）高出18.56个百分点；股份制商业银行的主动负债增长率为38.35%，高于其负债总额增速（17.09%）21.26个百分点；五大国有商业银行的主动负债增长率为19.77%，高于其负债总额增速（9.51%）10.26个百分点，如图4-3所示。

主动负债增速加快的主要原因是：一是随着商业银行新资本管理办法的实施，部分银行的资本充足率水平难以满足银监会的监管要求，使得商业银行不得不加快发展主动负债业务，提高长期负债来源的稳定性和资金的流动性；二是2008年以来，由于实施宽松的货币政策和积极的财政政策，使得商业银行发放贷款的规模大幅增加，导致存贷比例上升，使得商业银行必须采用积极的负债管理策略，增加其资产管理的流动性和收益性；三是商业银行传统信贷业务面临较大压力，出于对收益、风险、流动性等因素的考虑，商业银行必须采取积极的资产负债政策以应对传统信贷业务收益下降、需求不足带来的影响。

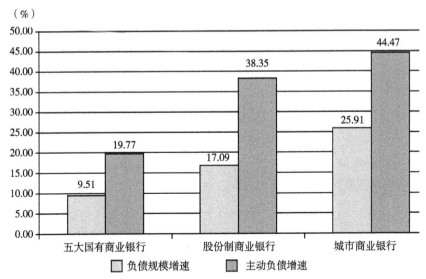

**图4-3　2015年我国各类商业银行主动负债与总负债增长的变化**

资料来源：各家银行年报。

## 二、银行业债务与经济增长

### 1. 银行业债务对于经济增长的作用

2009年全球金融危机后，越来越多的学者和金融从业者认识到，金融业的发展必须面向实体经济，金融业的改革和创新要以更好地满足实体经济发展为前提。不论从国外的金融业发展历程还是从我国的金融业发展历程看，金融业均是由于实体经济发展到一定阶段，对支付等资金流管理的需求逐步扩大而兴起。公元前6世纪希腊寺庙就已经具有了一定的货币保管和收取利息的放款业务。公元前5~前3世纪，随着贸易的兴起和经济的发展，雅典和罗马先后出现了银钱商和类似银行的商业机构。1694年英国建立了现代金融业中的第一家商业银行——英格兰银行。此后，各资本主义国家的金融业迅速发展，并对加速资本的积聚和生产的集中起到巨大的推动作用。19世纪末20世纪初，主要资本主义国家进入垄断资本主义阶段。以信用活动为中心的银行垄断与工业垄断资本相互渗透，形成金融资本。

目前，我国金融业态主要以商业银行、保险公司、证券公司和投资银行为主。从功能上看，商业银行的主要功能是经营存、贷、汇等基础业务及结算等经营货币的功能；保险公司的主要功能是转移风险、弥补损失；证券公司、投资银行的主要功能是为资金需求者进行直接筹资。各金融机构进行负债，主要是为了满足各类企业对其本身功能的需求。

20世纪90年代末，兹维·博迪（Z. Bodie）和罗伯特·莫顿（R. Merton）提出了金融功能观，认为要从历史发展的角度重新认识各类金融机构发展变化的规律。金融功能观的主要观点认为，对于金融体系，一般应具有六大功能：一是清算和支付结算功能，金融体系作为媒介，对产权交易的清算和支付结算提供服务；二是转移经济资源功能，即为不同的时间、不同地区、不同行业的经济实体提供资源转移和流动的功能；三是管理、防范、规避风险的功能，主要为市场主体提供管理、转移、分散、分摊风险的手段、工具和渠道；四是聚集、储备和分割资金、股份的功能，主要是通过各类金融中介机构，一方面可以将分散的资金汇集成大额资金，用以投资，另一方面可以将大额资金进行分割、细化，分散风险和资金流动；五是提供信息的功能，能够将不同市场、不同区域、不同行业的各类信息充分集中和利用，并反映在金融资产价格上，帮助市场主体进行针对性的决策；六是解决激励问题，即金融体系能够通过货币市场和资本市场，以及相关的金融衍生品，为交易者提供激励和约束机制，从而降低信息不对称程度，减少道德风险和逆向选择问题。从这一理论可以看出，金融机构、产品、市场都是为实现上述六大功能和需求的载体。

**2. 银行业债务与经济增长的相关关系**

根据截至2015年我国经济发展规模、银行业债务以及非银行业债务的情况，可以看出，2003年，我国银行业债务为26.60万亿元，GDP经济总量为13.65万亿元，银行业债务与GDP的比值为1.95。根据前面几章计算的全社会非银行体系债务规模为20.40万亿元，银行业债务规模已经大大超过了GDP和其他各个主体的债务水平。

第一，银行业债务与经济增长的比例关系不断上升。2009年，以银行业为代表的金融机构负债规模大幅上升到75万亿元，其与GDP的比值上升到

2.17，较 2008 年提升了 0.30 个百分点。此后，银行业债务规模与经济总量
（GDP）、企业债务以及非金融全社会债务出现较大偏离，银行业债务与 GDP
的比值持续上升，2012 年、2013 年、2014 年分别为 2.34、2.40 和 2.45。截
至 2015 年末，我国银行业金融机构的债务规模达到 179.05 万亿元，是当年
GDP 的 2.61 倍。这说明金融业债务在支持 GDP 增长方面的作用在逐步下降。
同样规模的金融业债务水平所带来的 GDP 提升效果在下降。

第二，银行业债务与非银行企业债务的比例关系呈基本平稳的趋势。2005
年，我国非银行企业债务的规模为 15.52 万亿元，银行债务与非银行企业债务
的比值为 1.90。此后，银行机构债务与非银行企业债务的比值开始出现下降，
2006 年，银行业债务与非银行企业债务的比值下降到 1.89，2007 年下降到
1.87，2008 年下降到最低的 1.77。之后，银行业债务与非银行企业债务的比
值开始止跌回升，截至 2012 年，这一比值回升到 1.95。

第三，银行业债务与中央政府债务的比例关系呈逐步上升的趋势。从
2003～2014 年的银行业债务与中央政府债务的比例关系趋势看，大致呈现出逐
步上升的趋势，虽然在 2007 年出现较低的 9.62，整体上处在比例不断上升的
趋势中，如图 4-4 所示。2003 年，银行业债务与中央政府债务的比例为
10.07，到 2006 年上升到 11.91，之后虽然 2007 年出现了短暂的降低，为
9.62，但 2008 年后呈加速上升的趋势，说明银行业债务与中央政府债务间的
差距越来越大。2009 年，银行业债务与中央政府债务的比例为 12.46，到
2012 年为 16.11。截至 2015 年末，银行业债务与中央政府债务的比例为
16.80，较 2014 年上升了 0.5 个百分点。

第四，银行业债务与地方政府债务的比例关系呈逐步下降的趋势。与中央
政府债务规模保持平稳上升不同，我国地方政府债务规模 2007 年开始呈加速
上升趋势。因此，从 2007 年到 2014 年，我国银行业债务与地方政府债务的比
例关系大致呈现出逐步下降的趋势，这与中央政府债务规模与银行业债务的比
例关系呈明显对比，如图 4-4 所示。2007 年，我国地方政府的债务规模相对
较小，银行业债务与地方政府债务的比例为 20.44，到 2008 年为 19.23。到
2009 年，受我国应对全球金融危机的相关政策影响，银行业债务与地方政府
债务的比例开始大幅降低，为 13.38，此后经过 2010 年和 2011 年的短暂上升

后，重新呈现下降趋势。2012 年，银行业债务与地方政府债务的比例下降到
12.98，其与中央政府债务相比，相关比值开始出现剪刀差。2013 年，银行业
债务与地方政府债务的比值下降到 11.63。截至 2015 年末，根据全国人大公
布的数据，我国地方政府债务总规模为 17.18 万亿元，银行业债务与地方政
府债务的比例为 10.42。

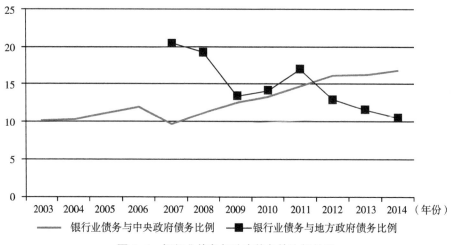

图 4-4　银行业债务与政府债务的比例关系

　　第五，银行业债务规模的增长率总体上与全社会债务相一致。我们将
GDP、全社会债务规模、银行业债务、中央政府债务的年增长率进行比较，如
图 4-5 所示，2008 年之前，银行业债务规模的增长率与 GDP 的增长率、全社
会债务的增长率差距较小，基本处在 10%～20% 的区间范围内，但是从 2008
年开始，银行业债务规模的增长率与 GDP 的增长率开始出现差异，但银行业
债务规模的增长率和全社会债务规模增长率较为接近，都在 2009 年达到了高
峰，随后又迅速下降。这说明银行业债务的增长也与 2008 年的金融危机以及
随之而来的宏观经济调整政策存在较强联系。银行业债务和全社会债务之间的
相似性可能是因为银行业债务规模巨大占据了全社会债务中最高的比例，因此
二者的联动性较高。

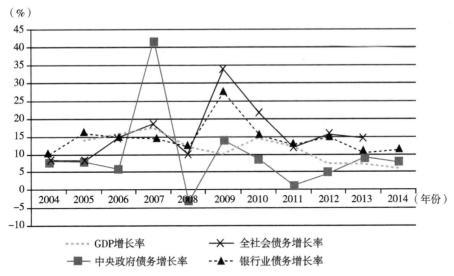

**图 4-5　2004~2014 年各项债务增长率**

综合上述几方面的分析可以看出，虽然银行业的重要功能之一是为实体经济提供资金来源，推动实体经济的发展，但是，不论是从银行业债务与 GDP 的比值，还是与非银行企业债务的比值，都可以看出，银行业发展规模与实体经济的发展出现了一定幅度的脱离，尤其是银行业债务与经济增长总量 GDP 的发展上，其差距越来越大。

## 三、银行业债务的计量分析

### 1. 计量模型和分析结果

银行业在国家或地区的经济活动中扮演着重要角色，我们同样将银行业债务与经济增长的关系单独进行研究。同之前的逻辑一样，我们采用银行业债务总量和 GDP 总量作为计量模型的主要变量，并采用 1 年期贷款利率作为控制变量。这一计量模型如下：

$$GDP_{t+1} = C + b_1\text{银行业债务}_t + b_2\text{银行业债务}_t^2 + b_3 1\text{年期贷款利率}_t + e$$

采用上述方程表达式，执行最小二乘回归方法估计，回归结果如表 4-3 所示。

表 4-3 银行业债务的回归结果

| 模型 | 非标准化系数 | | 标准系数 | t | Sig. |
|---|---|---|---|---|---|
| | B | 标准误差 | | | |
| （常量） | −36743.702 | 19859.649 | | −1.850 | 0.107 |
| 银行业债务 | 0.732 | 0.046 | 1.872 | 16.067 | 0.000 |
| 银行业债务平方 | −0.000000273 | 0.000 | −0.900 | −7.765 | 0.000 |
| 1 年期贷款利率 | 4140.901 | 3034.045 | 0.025 | 1.365 | 0.215 |

F = 1018.589*

调整的 R$^2$ = 0.997

数据显示，银行业债务对于经济增长存在着正面的影响，其债务规模提升 1 个单位，大概能够带来 0.732 个单位 GDP 上升。债务指标的平方对于 GDP 的回归结果是高度负向显著的。这就证明了债务拐点的存在。

需要说明的是，由于模型的数据太少，所以使得单位根及协整检验等检验方法失去意义。因此从模型规范性来说，此模型可以定义为一个探索性的模型，旨在发现和研究银行业债务规模和 GDP 之间可能存在的数量关系。更加规范和严谨的研究有待于进一步的数据搜集和变量界定。

**2. 银行业债务的拐点判断**

银行业债务的拐点实际上是银行业负债规模的临界值，在未达到该临界值之前，每增加一个单位的银行业债务，能够带来经济总量的增加，即银行业债务对经济增长存在正向的效应。不过由于边际规模效应的递减，每单位的债务对经济增长的贡献逐步降低。当达到某个规模时，银行业债务对于 GDP 的边际贡献为 0，这个点，就可以定义为银行业债务的拐点，在这个点上的银行业债务规模，可以认为是银行业保持合理负债规模的临界值。

从上述模型的回归系数看，由于银行业债务的平方对于 GDP 的回归结果是高度负向显著的。而且根据研究结果可以大致推断出银行业债务的拐点大概在债务水平达到 134.07 万亿元（2003 年价格）或 188.09 万亿元（2015 年价格）的时候达到。以 2015 年价格计算的 188.09 万亿元为例，在假设其他外部因素保持稳定、银行业各业态的业务结构和产品创新未发生重大变化的前提下，当银行业债务规模尚未达到 188.09 万亿元时，其整体行业负债规模的增加，对实体经济的发展具有正向的效应，而一旦突破 188.09 万亿元后，其对实体经济发展的效应将由正转负，也就意味着，突破效应的拐点后，其对经济增长不仅没有正向的拉动效应，反而会出现负效应，每增加一个单位的负债规模，带来的不是经济的正增长，而是对经济发展的减弱。

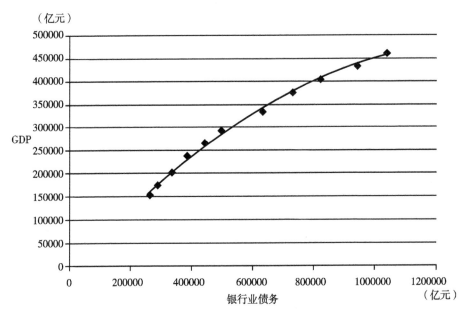

图 4-6　银行业债务与 GDP 的关系

### 3. 银行业债务的当前效应和发展预测

数据显示，当前银行业债务正处于拐点附近。这说明目前银行业负债对于 GDP 的影响已经进入或者即将进入下降阶段的"临界点"。在我们的数据中，2012 年银行业负债规模在 124.95 万亿元，2013 年为 141.18 万亿元，到 2014 年，银行业负债规模已经达到 160.02 万亿元（当年价格），如表 4-4 所示。如果按照我们测算出的债务拐点 188.09 万亿元（2015 年价格），我国目前银行业负债已经在拐点附近，而且出现拐点的时间，大致应在 2015~2016 年。这表明，当前银行业负债大致处于负面刺激轨道。在各种外部条件没有发生重大变化的情况下，随着银行债务的继续上升，将会给 GDP 的增长带来负面影响。

表 4-4　债务拐点预测

| 年份 | 金融业负债（万亿元） |
|------|-------------------|
| 2012 | 124.95 |
| 2013 | 141.18 |
| 2014 | 160.02 |
| 2015 | 181.38 |
| 2016 | 205.58 |
| 按 2003 年价格计算拐点 | 142.06 |
| 按 2015 年价格计算拐点 | 188.09 |
| 是否达到拐点 | 已超过拐点 |

## 四、当前银行业的压力和挑战

当前银行业面临着巨大的经营压力：一方面，根据我们的数据分析结果，银行业债务本身已经处于拐点附近，银行业债务规模的扩张对于经济增长的作用将进入负向刺激阶段；另一方面，随着我国经济社会的转型，银行业本身也面临着诸多挑战，这使得银行业的转型势在必行，而且迫在眉睫。当前银行业的挑战主要反映在外部环境压力以及内部管理问题两个方面。

**1. 银行业的外部环境压力**

（1）市场化进程的深刻影响，行业竞争加剧。

中国传统银行的天然优势，是在市场竞争不充分的情况下形成的。目前，银行业正在逐步向民营资本放开。截至 2011 年底，在股份制商业银行和城市商业银行总股本中，民间资本（含境内法人股、自然人股和其他社会公众股）占比分别达到 42% 和 54%。在农村中小金融机构总股本中，民间资本占 92%。资本市场、债券市场、民间融资渠道的合法化等问题的法律基本框架已经解决。这些市场化的进程推动着社会发展，也对银行的经营模式产生了深刻影响。

（2）社会融资结构发生深刻变化，金融脱媒现象愈加明显。

近年来，社会融资结构正加速由"以银行间接融资为主"向"直接融资和间接融资并重"转变。根据央行统计，2012 年全年，人民币贷款在同期社会融资规模的占比仅为 52.1%，而 2005 年银行间接融资占社会融资总额的比例高达 95%。这些数据传递了非常重要的信号，金融脱媒现象在我国已经达到新的高峰。金融脱媒从资产和负债两个方面同时推进，对银行传统业务造成负面影响，一方面导致银行的贷款需求降低，另一方面造成优质客户资金分流。金融脱媒还要求商业银行不能停留在传统的存贷汇基本功能上，必须进行"功能革命"，否则将难以满足客户多样化的需求。

（3）经济增速下降，银行亲周期业务面临风险。

在经济周期的变化过程中，银行经营具有很强的亲周期性：在经济高涨阶段，企业需求旺盛、信用状况良好，银行扩张冲动较强；在经济萧条阶段，企业经营效益下滑、信用状况变差，银行惜贷倾向明显。这种亲周期的特点是市场竞争造成的，如同风险本身一样不可能完全消除。但是过度与经济周期同步，往往会使银行容易"集中吸纳"各类损失，给银行带来灭顶之灾，从而成为经济危机的牺牲品。2008 年国际金融危机后，欧美等国出现大量银行倒闭风潮，就是一个鲜活的例子。对于中国的银行业而言，总体上与经济周期息息相关，各家银行大都以公司业务为主，个人金融业务的主体产品往往也同经济周期高度相关，如以房地产信贷资产为依据的理财产品。经济逐步进入平缓发展时期，必然会造成银行利差收入的巨大波动。

（4）技术脱媒加速，互联网等技术导致银行支付及融资功能边缘化。

近年来，快速发展的互联网金融，是借助于互联网技术、移动通信技术实现资金融通、支付和信息中介等功能的新兴金融模式，对传统商业银行形成了明显的替代效应。目前，第三方支付公司的业务范围已经由支付、结算渗透至网络贷款，乃至为整个产业链提供行业解决方案。互联网让传统银行业的竞争领域从行业内延伸到行业外。应该指出互联网经营商经营支付业务是一种历史现象，是由于现阶段银行服务功能偏重于融资、弱于支付而形成的市场空间，未来这样的空间不可能再拓展。而网络经营商染指信贷融资则更是一种冒险，目前所谓互联网金融网商直接融资的雄心其实是失去监管环境下的商人错觉，风险极大。但也要看到，技术脱媒事实上已经对银行经营模式造成威胁。

（5）银行业资本补充压力巨大，债务扩张空间有限。

银行资本补充压力凸显，难以维系扩大杠杆率的规模扩张。银行资本补充途径分为内部积累和外部融资。目前，随着宏观经济增长放缓，利率市场化基本完成，商业银行经营面临较大压力。2014年以来，全国商业银行净利润增速不断下行，截至2015年6月末，全行业利润同比仅增长1.54%，对商业银行资本的内部积累产生严重影响。外部融资方面，在目前商业银行市值处在"破净"边缘的情况下，面临着融资金额大打折扣和难以进行增发融资的困境。因此，在内外部资本补充受限的影响下，商业银行依靠规模扩张的发展之路难以持续。

（6）净利差大幅收窄，已降到国际先进银行的水平。

在商业银行盈利方面，我国商业银行仍以净利息收入作为主要来源，但净利差水平大幅收窄。商业银行的净利差水平主要受商业银行发展战略、本地的金融市场利率水平、社会存贷款结构以及未来市场利率预期等影响。目前我国商业银行利差水平已降至国际先进银行在2009年金融危机前的水平，甚至低于花旗银行、美国银行等传统商业银行。

2003年12月30日，国务院审议通过《中国银行、中国建设银行股份制改革实施总体方案》，决定中国银行、中国建设银行实施股份制改造的试点，动用国家外汇储备向两大国有银行注入资本金，提升资产质量和资本规模。2004年，作为四大商业银行中第一家股份制改革银行，中国银行挂牌成立中国银行股份有限公司，启动了我国主要商业银行的股份制改革。商业银行股份制改革，是按照现代商业银行的要求，建立规范的公司治理结构和严明的内部权责制度，形成良好的财务约束和内在的风险防范机制，同时进行了相应的财务重组，加快处置不良资产、充实资本金，建立了良好的财务基础和严格的财务标准。通过股份制改造，各大商业银行成为资本充足、内控严密、运营安全、服务和效益良好的现代金融企业，也极大提升了商业银行的运营能力，使得主要商业银行的净利差保持在一定水平。

2007~2015年，中国人民银行累计14次下调基准利率，仅在2011年前后上调过4次基准利率，存贷款利率呈逐步下降趋势，一年期贷款利率由最高时的7.47%，下降到2015年末的4.35%。而2014年以来，商业银行存款利率可以在一定范围内自由浮动，使得商业银行整体的存贷款利差更是大幅收窄，基本接近甚至低于国际商业银行在金融危机前的水平。国有五大商业银行净利差，由2008年最高时的2.83%，下降到2015年末的2.30%，股份制银行由最高时的 2.87% 下降到 2.30%。而花旗银行、美国银行、JP 摩根等国际大型银行，2009 年金融危机后的净利差也分别为 2.89%、3.08% 和 2.78%。因此，那种长期以来认为我国商业银行"净利差"过高的观点应该转变。

从长期发展来看，随着我国利率市场化进程的基本结束，我国商业银行净利差水平保持在比较窄的水平也是必定的发展趋势。为减弱商业银行传统利息收入业务受净利差收窄的不利影响，我国商业银行必将不断调整、优化贷款结构，加强资产、负债管理水平，同时努力提升业务价值，积极拓展中间业务收入。

**2. 银行业的内部管理问题**

（1）一股独大导致公司治理存在先天缺陷，"去行政化"还任重道远。

目前，不仅五大国有商业银行由财政部、汇金公司绝对控股，而且不少股份制银行、城市商业银行也是由地方政府或有政府背景的企业绝对控股。在国有股一股独大的背景下，公司治理很难充分发挥作用，很难避免行政意志对银行经营行为的过度影响。换言之，银行很难摆脱"准行政化"色彩。"准行政化"的优点是效率高，政策传导快，这在我国应对金融危机中表现尤为突出（反观欧美国家，危机爆发后虽然政府和央行释放出强烈的救市信号，并向银行体系大量注入流动性，但是各大银行仍然惜贷）。不过，"准行政化"治理的缺陷也很明显。姑且不论对小股东、存款人、员工等利益相关方的权益保护问题，仅就决策科学性而言，统一的行政意志就很容易导致各大银行决策同方向、同步调。一旦某个时期某些政策出现偏差，经过各大银行的传导和金融杠杆放大以后，极易引发系统性风险。

（2）商业银行功能经营趋同，尚未形成"客户导向"的经营逻辑。

目前，国内各家银行不仅经营策略趋同、管理模式趋同，而且在产品、技术、人才等方面也没有明显的差异，更像是一个模子复制出来的。趋同的背后，是缺乏市场区分。这就会导致以下问题越来越突出：一是大中小银行分享同一块蛋糕，一些领域重复覆盖，而另一些领域如"小企业""三农"等，积极性不高。资源配置失衡不仅会影响金融公平，而且会导致金融效率的耗损。二是由于银行功能雷同、产品无差异，高度同质化导致风险的同质化。表面上看风险由不同银行承担，但如果发生不利变化，风险不仅没有得到分散，反而容易出现耦合放大。这在 2008 年金融危机中得到印证，最初各家银行都纷纷持有某一类产品或交易头寸，一旦出现问题，大家又竞相抛售，导致"单边市"，进而引发价格雪崩，加剧了市场的非理性波动。

国内商业银行基本还是沿袭传统的存款/贷款、本币/外币、固贷/流贷等维度来区分目标市场，虽然表面上看每一块管理都渐趋精细，但骨子里仍是"部门银行"套路，即以内部职能要素来划分市场，各管一亩三分地。说到底，还是出于自身"便利"的考虑，把自己内部管理的逻辑强加给客户，人为给客户贴上不同的标签。这是非常落后的管理模式，问题很大，管理和协调成本高，客户体验也不好。实际上，真正市场化的企业，必然是按照客户元素（目标客户群）来区分市场，按照客户导向来配置经营管理资源，设计相应的制度和流程。这方面国内各家银行无论是在管理理念上还是制度设计上，差距都很大。

（3）信息技术能力不高，生产力未得到充分解放。

20世纪80年代以来，全球银行业发展创新突飞猛进，其背后重要的驱动引擎就是现代信息技术。据统计，九成以上金融创新都来源于信息技术的支持。银行作为知识密集型企业，必须要借助现代信息技术来提高生产力。虽然近年来国内银行业在信息技术运用方面进步很快，成效也不小，但从整体来看，技术密集度还不高，大量环节仍依赖人工操作。社会上对银行服务颇有微词，比如网点排长队现象，服务意识固然是个原因，但更重要的还是技术能力不够。一是因为缺乏足够的自助设备、电子渠道来分流客户；二是因为业务流程IT化、集约化程度不高，前后台业务没有分离，大量工作积压在柜台办理，效率低，影响客户满意度，也很容易因"管理疲劳"诱发操作风险。运用现代信息技术优化改造流程，将大量人员从繁杂的重复劳动中解放出来，专注于客户服务，这方面还有很大提升空间。

（4）人力资源机制不完善，职业经理人市场尚待培育。

目前，国内大型银行各级管理人员还或隐或现地对应着"行政级别"，在不少客户营销、业务合作场合，还讲究"级别对等"。国内的银行家实际上是"准银行家"和"准官员"的复合体。这个现象不仅在大型银行存在，在不少新成立的股份制商业银行、城市商业银行也存在。政商边界不清，容易导致银行经营行为扭曲，因为从政和从商的"目标函数"是不一致的。在成熟市场环境下的银行家，可以通过自身良好的专业能力、业绩和操守，在职业经理人市场上获得更高的身价。但目前国内银行职业经理人的市场还没有形成，银行家的"价值"还无法通过市场来体现，国家控股的银行高管薪酬也受到严格封顶限制。从这个意义上讲，在银行家的市场价值无法得到充分体现的情况下，"行政级别"客观上起到了一个激励替代的作用，部分优秀银行家"商而优则仕"的现象也是可以理解的。从整个银行业市场化、专业化发展方向看，职业银行家群体缺位将成为越来越突出的问题。

## 五、总结与建议

综上所述，从当前银行业的外部环境来看，我国经济虽然仍保持较快增速，但下行趋势已经较为明朗。随着经济增长速度的放缓，社会融资需求相应减少，推动银行规模不断扩张的外部动力也将随之减弱。另外，银行业的资本补充渠道严格受限。银行补充资本的途径一是内部积累，二是外部融资。内部积累方面，虽然现阶段上市银行的平均净资产收益率（ROE）高达20%左右，但扣除平均约30%的现金分红后，核心资本的年增幅大概为14%，并且随着利率市场化等影响的持续发酵，未来这个增速还将进一步降低，难以支撑银行当前17%~18%的规模增长。外部融资方面，股票、次级债和混合债等工具都受到严格制约。综合上述分析，本书认为价值管理是未来的商业银行发展的方向。

价值的货币表现是价格，从较长时间来看，价格是价值的货币标签。银行价值只能通过资本的价格得以反映。抛开短期的、个别极端的影响因素，股票成交价就是银行价值在某一时刻的体现。市场对于银行有一套成熟的评价体系，涵盖了盈利能力、风险状况、管理水平等各方面指标，但其中最重要的还是 ROE（净资产收益率），它全面反映了银行的综合经营管理能力，体现了股东的投资回报水平。因此，从这个意义上说，资本的价格就是银行的价值，能否给资本带来足够的回报，决定了银行是否有价值。

价值管理并不能简单定位于市值最大化或利润最大化。"追求最大利润将毁掉企业"，原因在于将利润作为价值的衡量指标有其天然缺陷：第一，利润只反映历史，不能反映未来；第二，利润作为一个财务指标，其本身容易被操纵，美国的安达信、安然事件都充分说明了这一点；第三，一味追求利润，将过分压缩成本，往往导致银行迷失长期利益，追逐短期目标，从而滑向毁灭的边缘。因此，利润虽然很重要，但只是生存的手段，绝不是目的。只要银行能够牢牢把握生存与发展的长远目标，则利润将随之而来。

"价值银行"不是一个虚无的概念，而是由银行方方面面具象化的特征所构筑，对中国银行业而言，有五方面内容尤为重要。

（1）实施轻资本发展业务的战略。

随着资本监管渐趋严厉，外源性资本筹措的难度和成本增大，资本将成为未来银行发展中面临的最突出的约束条件。银行需要着力从内部挖掘潜力，通过主动的业务结构调整，建立轻资本发展业务的战略。一是轻资本占用安排结构。把业务发展重点调整到资本消耗低、风险敞口小的业务上来，优化银行的盈利结构。例如，对公产品中重点发展中短期信贷业务、投资银行、国际结算、现金管理、金融市场、同业业务和托管业务；零售银行要重点发展小微企业贷款、消费贷款、信用卡透支、移动支付、代理业务等。二是大力发展中间业务。由于我国银行业部分中间业务收入实际上是依靠银行承担风险敞口或者直接从利息收入转移过来的，为避免后续业务快速发展，银行风险敞口扩大，资本压力变大，首先需要将中间业务从融资向支付结算等绿色业务转变，支付结算是银行的基本功能，支付功能的产品化可以更好地为客户服务。其次为避免激烈的趋同化竞争，各家银行可根据本行业务优势、战略定位等，将本行前景广阔的边缘业务，打造成为银行的主流业务，即"边缘业务主流化"，做出银行业的特色，形成差异化的竞争优势。三是逆经济周期安排业务。银行应避开经济周期波动的破坏力，在经济周期的不同发展阶段能够守住底线和原则，确保银行的安全。银行需要在风险控制、资产负债管理、行业结构、期限结构、产业政策、经营策略、财务资源调度等方面做出安排，主动将各种资源和信贷投入与经济周期保持距离，避免经济周期带来大幅波动。

（2）强化内涵式的资本补充，保持规模有限增长。

过于频繁的股权融资不仅有损于投资者的利益，同时也使银行融资难度和融资成本不断增加，有悖于"价值银行"的根本目标。另外，在内部资本积累不足以支撑发展的情况下，现阶段银行又不得不依赖于股权融资来解决资本补充问题。如何打破这一困境？需要从开源与节流两个方面采取措施。一是开源。要持续提升银行盈利能力，增强内生资本积累，实现内涵式发展；同时积极研究和探索创新资本工具的应用，尽量以低级别资本替代高级别资本，逐步减少对股权融资的依赖。二是节流。要高度重视资本管理问题，以 RAROC（风险资本回报率）为抓手，不断优化风险资产结构，降低不合理的资本消耗，优先发展消费信贷等轻资本占用业务，大力发展中间业务，保持有限的规模扩张，减少对资本补充的需求。通过开源节流，银行可以把每次融资的周期拉长、规模缩小，尽可能降低再融资对现有股东权益的摊薄，逐步走上资本约束和稳定分红的道路，实现银行价值的可持续增长。

（3）建立稳定的投资回报预期。

回报投资者是上市公司应尽的义务。良好的投资回报机制可以给予投资者较高的收益预期，提振投资者信心，增强其投资意愿，从而更好地促进企业长期健康发展。由于历史原因，中国上市公司关于投资回报和股本约束的机制还比较薄弱，大部分银行现金分红政策不够明确，且历年的分红比例也不稳定，波动较大，这种不确定性一定程度上影响了投资者的投资意愿。从国际上来看，上市公司分红能力如何，是投资者进行决策的一个重要依据。要促进银行价值稳步提升，需要建立健全稳定的投资回报机制，一方面，要制定明确的、可持续的分红政策，并进行充分的信息披露，切实提高投资者分红预期，保障投资者权益；另一方面，要尽量减少股权再融资，避免出现摊薄即期股东权益的现象。

（4）优化股权结构，促进资本流转。

股权结构决定治理结构，治理结构决定管理框架。银行提升价值的内在要求需要适度分散的股权结构与之相适应。一是合理的股权结构有助于建立完善的治理结构。合理的股权结构既要避免一股独大情况下大股东对银行经营管理的过多干预，又要解决股权过度分散可能导致的"内部人控制"问题。国有银行和股份制银行经历重组改制和上市融资之后，已一定程度上实现了股权多元化，公司治理水平较诸以往也明显改善。但总体来看，大部分银行仍然存在单一实质控制人，股权结构过于集中的问题仍然未彻底解决。虽然现阶段乃至今后很长一段时间内，主要商业银行的国有控股不可动摇，但国有控股的具体实现形式可以进一步优化，例如可以扩大国有企业、国有资产管理公司、保险公司等持股比例，适度引入民间资本，通过股权结构的适度分散弱化大股东的影响，强化市场的作用，促进公司治理水平不断提升。二是分散化的股权可促进资本流转，更加合理地反映资本价值。商品的价值需要通过交换来实现，价格与价值也需要在长期、充分的交换流转中达到统一。在一股独大的情况下，对大股东来说，由于所持有的资本处于一种"有价无市"的状况，资本价值难以真正实现；同时，由于股权过于集中导致市场活跃程度不高，一定程度上抑制了银行价值提升，其他投资者所拥有的银行资本同样难以获得合理的价值体现。

（5）以技术动力取代规模动力。

当前的市场环境与过去相比发生了深刻变化。过去是"一招鲜、吃遍天"，但随着科技的发展，信息、渠道、政策等各方面屏障被迅速打破，企业获得优势、丧失优势的周期大幅缩短，未来，银行业发展需要以技术动力取代规模动力，依靠各种金融产品和非金融服务的创新及时顺应行业发展趋势和客户新的多样化需求，以创新而非资本投入来获得持续的发展。比如近年来快速发展的互联网金融就对传统的商业银行渠道形成了明显的替代效应，也为银行业拓宽了新的盈利来源。一直以来，银行的创新驱动思路是业务主导，信息技术和系统更多是业务的辅助与支持。面对新技术，银行通常只是被动跟随者，而非主动发起者。随着行业内外的市场竞争日益白热化，银行要长久保持竞争优势，就必须由以往的"业务驱动型"转变为"业务、技术双向驱动"，甚至是"技术主导型"，要通过技术的创新带动业务模式的创新，通过新技术的运用不断将客户"潜在需求"转化为"有效需求"，为业务发展提供源源不绝的动力。如果银行能在数据应用、技术创新上有更大格局，打造出大数据时代下的"数据银行"，未来的发展不可限量。

除了银行业自身的改革以外，政府部门也应当积极实施调控政策引导商业银行向"价值银行"发展。

首先，应当合理引导商业银行回归"安全性、流动性、效益性"的理性经营理念。2003 年，修订后的《商业银行法》将安全性置于首位，并延续至今，成为银行经营的首要原则。从世界银行业 300 多年的兴衰沉浮历史看，银行生存的基础是稳健保守。银行首先是国民经济的服务者，然后才是促进者，因此，这就要求银行的经营是稳健的，风险偏好是厌恶的，银行家的立场是保守的。对于银行的创新而言，要在自身风险管理能力和风险承受边界内稳健推进，而不能进行激进式变革。

其次，应当构建从规则、制度导向调整为资本回报导向的考核机制，推动商业银行由"规模银行"向"价值银行"发展。目前，我国经济正在经历由高速增长向中低速增长的趋势性转变，而非短期波动。经济增速放缓，社会融资需求相应减少，推动银行规模不断扩张的外部动力也不断减弱。同时，银行资本补充渠道严格受限，依靠规模扩张的动能减退。这就要求从考核制度出发，引导商业银行逐步摆脱"规模导向"的惯性思维，向综合提升盈利水平、风险状况和管理能力，稳步提高资本回报水平（主要是净资产收益率）的价值增值、价值管理的方向发展。

最后，需要警惕金融业债务的绝对规模，采取适当措施降低金融业的债务水平。数据显示目前金融业债务在中国全社会债务中份额最大，而且金融业债务和企业债务之间存在着巨大的落差。这充分表明了金融业和实体经济的背离状况。金融业本质上应当是服务于实体经济的，但是金融业的盲目扩张，特别是在债务方面的扩张，将会削弱金融业对于实体经济的支撑作用，巨量债务还会带来金融业巨大的运行风险，甚至影响整个国家的经济活动秩序，因此金融业债务应当成为未来我国债务管理的重点。

# 第五章　中国企业债务研究

在四万亿经济刺激政策的推动下，中国企业开始了举债扩张的时代，多年来积累了沉重的债务负担。中国企业债务问题的严峻性众所周知、不言而喻。那么，如何去定义企业债务问题的严峻性？国民经济领域中，哪些行业已经不堪重负，哪些行业的债务还有一定的空间？参考前文对全社会债务拐点的研究，在本章中，将基于"行业债务拐点"的角度，探讨中国企业债务拐点问题。

本章首先从整个实体经济出发，总结了我国实体经济负债总量的发展历程，以统计局行业分类为标准，分析主要行业负债杠杆率现状。在研究过程中我们发现，虽然整个实体经济的债务总量经历了2009年后的爆发式增长，存量高企，但各行业的负债杠杆率出现趋势性分化，有些行业资产负债率攀升，有些有所降低。对此，使用"投资边际利润分析模型"进行了分析，研究显示行业利润是导致杠杆率分化的主因。既然不同行业的杠杆率变动情况不尽一致，单一的整体研究显然不能满足我们的研究要求，因此，选取了国民经济领域中较为重要的行业，分别进行了各行业的负债效应弹性分析、行业分析和行业拐点初步判断。

针对化学纤维制造业、石油化工业两个典型过剩行业的研究显示，化纤行业的债务拐点很可能出现在PTA产能达到高峰的2014年左右，石油化工行业的债务拐点则很可能出现在2011年左右。

## 一、企业债务现状及发展历程

### 1. 我国企业债务现状

中国实体企业债务现状，与银行主导的金融体系、政府债务、经济发展模式息息相关，不可割裂分析，企业负债高企是内外经济形势、国家政策、企业行为共同作用的结果。据测算，截至 2015 年底，中国实体企业部门的负债率已高达 156%，65% 来自国有企业，以间接融资为主。我国金融融资体系以银行为主，在实体企业融资中发挥重要作用的往往是国有企业、大型股份制银行，因此，中国实体企业的债务问题，由企业牵涉银行，再由银行涉及金融系统，乃至国家财政，这是一个环环相扣的问题，同时也是中国企业债务高企问题的复杂和棘手之处。

如图 5-1 所示，社会融资规模在 2008 年后显著提升，2009 年社会融资规模达 13.9 万亿元，同比增长近 100%。可以说，举国的经济刺激计划，经过政府、银行的环节，最终落实在企业层面，便是企业产品需求在政策的影响下增加，企业有意愿同时也有条件获得融资，增加杠杆，扩大生产规模。在随后的年份，社会融资规模总量虽处于波动之中，但绝对水平始终维持高位。可以说，中国实体经济的债务似乎已经形成了某种程度上的债务"路径依赖"，一方面，实体企业，尤其是国有企业，已经习惯用从银行借来的"便宜的钱"生产经营、扩大生产，既然可以向银行借到钱，为什么企业不去加高杠杆？另一方面，国有企业生产效率较为低下的弊端仍未从本质上改善，受到经济增速放缓和管理不善的双重影响，中国实体企业，尤其是产能过剩型企业的盈利堪忧，仅有的利润备受债务利息的侵蚀，财务数据十分难看。盈利羸弱的企业，

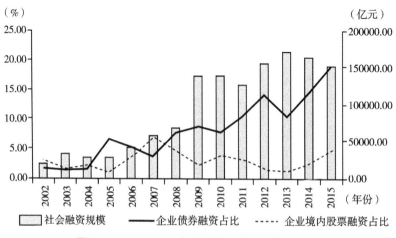

**图 5-1 2002~2015 年中国社会融资规模及结构**

面对着历史原因积累而成的债务存量，可以说是束手无策。因此，借新债还旧债，让债务通过滚动的方式先行存续下去，避免眼前的流动性危机，似乎成为实体企业最能接受的选择。

从社会融资的内部结构出发，我们发现，银行间接融资仍是企业获得资金的主要渠道。债券融资占社会融资总规模的比例在迅速提升，2002~2015年年均增幅达20%，反映了我国直接融资体系的完善和多层次资本市场结构构建的初步成效。但是，债券融资的绝对占比仍然不足20%。相比债券融资，实体企业境内股票融资的占比更小，2015年为4.9%，峰值出现在2007年，为7.3%（与股票市场的牛市行情有关），且占比不高，始终在10%以下的水平。

社会融资规模能否全面反映中国实体企业的负债总量现状呢？实际上，现行的社会融资规模统计体系只纳入了委托贷款、未贴现银行承兑汇票等基础标的资产，仍有部分影子信贷未被纳入计算体系，因此，社会融资规模数据可能对企业债务总量、增速存在一定程度的低估。但是，简单地将社会融资规模与银行对非银金融机构债权直接相加也并不能完美地解决这个问题，这种计算方法仍存在两个主要的缺陷：第一，企业影子信贷还通过银行表外理财产品等其他渠道融资，只是加上非银金融机构债权，显然也是不够的。第二，已经有部分影子信贷的基础标的资产纳入社会融资统计范畴，存在重复计算的问题。因此利用现有公开数据测算最为真实的企业债务数据存在一定的困难。我们认为，社会融资规模、统计局公布的年度企业负债是目前为止较为可靠、有效、可得的公开数据，可以最大程度地反映实体企业债务情况。本节中，通过对社会融资的描述，我们至少可以明显地看到实体企业负债总量、内部结构的现状，以及近年发展变动的大趋势。在后文，我们将基于统计局公布的企业债务数据进行研究。

**2. 我国企业债务发展历程**

图5-2是2000~2014年我国非金融企业负债整体情况。从2009年开始，我国企业债务总额呈爆发式增长，年均增长24.84%。截至2014年末，我国非金融类企业债务总额达201.87万亿元，同比增长11.81%，为2009年末的2.5倍。虽然从2012年开始债务增速呈放缓趋势，但由于存量数额较大，每年增加的债务额仍在25万亿元左右。

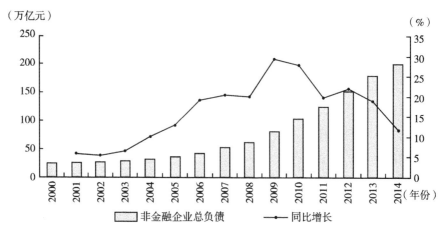

图 5-2　2000~2014 年我国非金融企业负债整体情况

整体来看，2008 年以来，虽然企业债务规模增长较快，但资产负债率保持较平稳水平。2014 年末，我国非金融企业资产负债率为 60.0%，较 2013 年末上涨 1%。

从企业资产负债率与 GDP 增长的发展趋势看，2000 年开始，我国非金融企业的资产负债率与 GDP 增长的关系大致分为三个阶段，如图 5-3 所示。第一阶段（2000~2007 年），资产负债率不断降低，而经济增速不断提高。第二阶段（2007~2011 年），企业资产负债率与经济指标增速的变动方向基本一致。2008 年，受金融危机影响，经济增速放缓，企业资产负债率也出现下降；2009 年，企业负债杠杆率的放大，扭转了经济增速下行的趋势，有效促进了经济增长；此后，企业资产负债率与经济指标增速的变动方向一致。第三阶段（2011 年至今），呈现出明显的负债杠杆率与经济增速的剪刀差，企业整体的资产负债率由 2010 年的 56% 升至 2014 年的 60%，而 GDP 增长率则从 9.5% 降至 7.3%，工业增加值增长率由 13.9% 降至 8.3%。因此，可以定性地认为，整体上，我国非金融企业 2011 年以来，通过负债规模扩大的方式来拉动经济增长的效应出现"由正向负"的拐点。

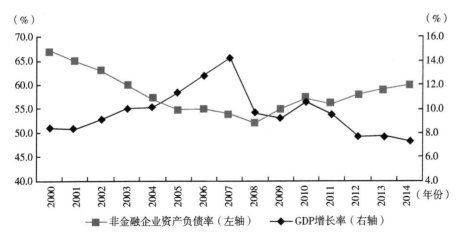

**图 5-3 2000~2014 年我国非金融企业资产负债率和经济增长情况**

资料来源：国家资产负债表；国家统计局。

## 二、各行业债务杠杆率比较

### 1. 各行业的债务规模

从主要行业的债务规模总量情况看，电力、热力的生产和供应业，黑色金属冶炼及压延加工业，化学原料及化学制品制造业，电子及通信设备制造业，煤炭采选业的债务总量较大，依次位居前五名，如表5-1所示。例如，电力、热力的生产和供应业2014年债务规模为7.26万亿元，较2008年增加了3.27万亿元；煤炭采选业2014年债务规模为3.46万亿元，比2008年更是增加了2.32万亿元，比2008年债务规模增长2倍。有色金属矿采选业、家具制造业、烟草加工业、非金属矿采选业、其他矿采选业债务规模较小。

**表 5-1 2008~2014 年债务规模前 10 位行业**

| 行业名称 | 债务规模（亿元） | | | | | | |
|---|---|---|---|---|---|---|---|
| | 2008 年 | 2009 年 | 2010 年 | 2011 年 | 2012 年 | 2013 年 | 2014 年 |
| 电力、热力的生产和供应业 | 39817 | 44675 | 50505 | 55801 | 61410 | 67772 | 72557 |
| 黑色金属冶炼及压延加工业 | 22306 | 26087 | 30192 | 35120 | 39123 | 43675 | 42952 |
| 化学原料及化学制品制造业 | 15172 | 17725 | 21588 | 25166 | 30351 | 35601 | 39667 |

| 行业名称 | 债务规模（亿元） | | | | | | |
|---|---|---|---|---|---|---|---|
| | 2008 年 | 2009 年 | 2010 年 | 2011 年 | 2012 年 | 2013 年 | 2014 年 |
| 电子及通信设备制造业 | 15761 | 17271 | 20438 | 24402 | 27012 | 30566 | 35172 |
| 煤炭采选业 | 11483 | 14051 | 17419 | 22558 | 27205 | 31775 | 34632 |
| 电气机械及器材制造业 | 11994 | 14044 | 18290 | 21901 | 24540 | 27371 | 30139 |
| 非金属矿物制品业 | 10056 | 11396 | 13901 | 16154 | 19406 | 22712 | 24935 |
| 有色金属冶炼及压延加工业 | 8166 | 9813 | 12363 | 14755 | 17691 | 20748 | 23061 |
| 普通机械制造业 | 11627 | 12907 | 15492 | 16626 | 17401 | 19671 | 21366 |
| 专用设备制造业 | 8087 | 9086 | 11030 | 12839 | 14680 | 16994 | 18023 |

从 2008~2014 年主要行业的债务增长情况看，黑色金属矿采选业、煤炭采选业、燃气生产和供应业、有色金融冶炼及压延加工业、食品加工业、非金属矿采选业等行业的债务规模在此 6 年间增长速度较快，尤其是黑色金属矿采选业、煤炭采选业的债务规模 6 年增长了 2 倍，如表 5-2 所示。

表 5-2 2008~2014 年债务增长率前 10 位行业

| 行业名称 | 2014 年较 2008 年债务增长规模（亿元） | 六年累计增长率（%） |
|---|---|---|
| 黑色金属矿采选业 | 4298 | 281.47 |
| 煤炭采选业 | 23149 | 201.59 |
| 燃气生产和供应业 | 2348 | 191.21 |
| 有色金属冶炼及压延加工业 | 14895 | 182.40 |
| 食品加工业 | 10216 | 170.21 |
| 非金属矿采选业 | 1074 | 164.72 |
| 化学原料及化学制品制造业 | 24495 | 161.45 |
| 有色金属矿采选业 | 1650 | 157.29 |
| 电气机械及器材制造业 | 18145 | 151.28 |
| 其他矿采选业 | 3 | 150.00 |

从同一年的行业债务占比情况看，国民经济大部门行业或典型产能过剩行业债务规模的占比较高。以 2014 年末的数据为例，行业债务占总债务之比高于

5%的行业包括：电力、热力的生产和供应业，黑色金属冶炼及压延加工业，化学原料及化学制品制造业，电子及通信设备制造业，煤炭采选业，电气机械及器材制造业，非金属矿物制品业，均为国民经济大部门行业或典型产能过剩行业，如表5-3所示。占比前五大行业中，电力、热力的生产和供应业，黑色金属冶炼及压延加工业等行业的占比较2008年出现小幅度下降，但煤炭采选业的债务占比由2008年的5.23%上升到2014年的7.20%，占比逐步上升。

表5-3　2008~2014年债务规模占比前10位行业

单位:%

| 行业名称 | 2008 年 | 2009 年 | 2010 年 | 2011 年 | 2012 年 | 2013 年 | 2014 年 |
|---|---|---|---|---|---|---|---|
| 电力、热力的生产和供应业 | 18.13 | 17.78 | 16.94 | 16.12 | 15.67 | 15.25 | 15.09 |
| 黑色金属冶炼及压延加工业 | 10.16 | 10.38 | 10.13 | 10.15 | 9.98 | 9.83 | 8.93 |
| 化学原料及化学制品制造业 | 6.91 | 7.05 | 7.24 | 7.27 | 7.74 | 8.01 | 8.25 |
| 电子及通信设备制造业 | 7.18 | 6.87 | 6.86 | 7.05 | 6.89 | 6.88 | 7.32 |
| 煤炭采选业 | 5.23 | 5.59 | 5.84 | 6.52 | 6.94 | 7.15 | 7.20 |
| 电气机械及器材制造业 | 5.46 | 5.59 | 6.06 | 6.33 | 6.26 | 6.16 | 6.27 |
| 非金属矿物制品业 | 4.58 | 4.54 | 4.66 | 4.67 | 4.95 | 5.11 | 5.19 |
| 有色金属冶炼及压延加工业 | 3.72 | 3.91 | 4.14 | 4.26 | 4.51 | 4.67 | 4.80 |
| 普通机械制造业 | 5.29 | 5.14 | 5.20 | 4.80 | 4.44 | 4.43 | 4.44 |
| 专用设备制造业 | 3.68 | 3.62 | 3.70 | 3.71 | 3.75 | 3.82 | 3.75 |

进一步分析2000~2014年各行业债务占比的趋势后可以发现，债务绝对值高的行业，可能债务占比呈下降趋势，而债务绝对值并非最高梯队的行业，其债务占比可能反而处于上升通道。这说明我们不能警惕任何行业的债务负担问题，即使是债务存量有限的行业，也应当警惕其债务扩张增速较大的潜在风险。尤其需要关注的是，2008~2014年债务占比上升的行业中，煤炭采选业、有色金属冶炼及压延加工业、化学原料及化学制品制造业等产能过剩行业的债务规模占比出现上升，同时其绝对规模也相对较大。

**2. 各行业的债务杠杆率**

(1) 工业部门各行业债务杠杆比较。

从企业运营的角度看，既有与银行等金融机构相关的付息类债务，也有企业与企业间的非付息类债务。为了能够更客观、全面地反映行业的杠杆率情况，课题组采用了资产债务率指标作为衡量杠杆率高低的指标，对工业部门30个主要行业在2000~2014年的杠杆率变动情况进行了整理总结，选取的行业和数据主要依据国家统计局的标准，基本能够覆盖国民经济大部分领域。其中，文化教育行业、交通运输行业由于数据不完整，没有纳入最终的统计列表中。其中，2008~2014年资产债务率水平前10位行业如表5-4所示。

表5-4　2008~2014年资产债务率水平前10位行业

单位:%

|  | 2008 年 | 2009 年 | 2010 年 | 2011 年 | 2012 年 | 2013 年 | 2014 年 |
|---|---|---|---|---|---|---|---|
| 规模以上工业 | 57.7 | 57.9 | 57.4 | 58.1 | 58.0 | 58.1 | 57.2 |
| 石油加工及炼焦业规模以上工业 | 61.9 | 62.4 | 60.9 | 63.0 | 65.0 | 66.0 | 66.3 |
| 煤炭采选业规模以上工业 | 59.0 | 59.1 | 58.2 | 59.5 | 60.7 | 64.8 | 66.2 |
| 黑色金属冶炼及压延加工业规模以上工业 | 63.4 | 63.6 | 65.7 | 67.5 | 67.2 | 67.5 | 65.8 |
| 电力、热力的生产和供应业规模以上工业 | 64.0 | 64.7 | 65.8 | 66.6 | 66.7 | 66.1 | 64.8 |
| 有色金属冶炼及压延加工业规模以上工业 | 57.8 | 59.6 | 60.9 | 62.2 | 62.9 | 64.2 | 63.7 |
| 化学纤维制造业规模以上工业 | 59.7 | 60.8 | 60.1 | 61.9 | 62.8 | 63.5 | 62.1 |
| 电子及通信设备制造业规模以上工业 | 58.3 | 58.1 | 54.2 | 58.8 | 58.2 | 58.5 | 58.6 |
| 化学原料及化学制品制造业规模以上工业 | 55.0 | 55.7 | 55.7 | 56.0 | 56.9 | 58.1 | 57.9 |
| 电气机械及器材制造业规模以上工业 | 57.8 | 58.0 | 57.7 | 58.3 | 58.0 | 57.6 | 57.6 |
| 水的生产和供应业规模以上工业 | 51.9 | 53.3 | 54.1 | 53.8 | 55.8 | 56.3 | 57.6 |

资料来源：国家统计局。

　　为充分体现金融危机后的时代特征，课题组对工业部门各行业2008~2014年的资产债务率（即资产负债率）进行了平均计算，并按照降序序列排列，如表5-5所示。结果表明，黑色金属冶炼及压延加工业，电力、热力的生产和供应业，石油加工及炼焦业，有色金属冶炼及压延加工业，化学纤维制造业，煤炭采选业的杠杆率水平偏高，均高于57.8%的规模以上工业平均水平。

表5-5　2008~2014年工业部门各行业平均资产债务率

| 行业名称 | 资产债务率（%） |
| --- | --- |
| 黑色金属冶炼及压延加工业 | 65.8 |
| 电力、热力的生产和供应业 | 65.5 |
| 石油加工及炼焦业 | 63.7 |
| 有色金属冶炼及压延加工业 | 61.6 |
| 化学纤维制造业 | 61.6 |
| 煤炭采选业 | 61.1 |
| 电气机械及器材制造业 | 57.8 |
| 电子及通信设备制造业 | 57.8 |
| 燃气生产和供应业 | 57.5 |
| 造纸及纸制品业 | 57.4 |
| 专用设备制造业 | 56.5 |
| 化学原料及化学制品制造业 | 56.5 |
| 纺织业 | 56.2 |
| 普通机械制造业 | 56.1 |
| 金属制品业 | 54.7 |
| 水的生产和供应业 | 54.7 |
| 非金属矿物制品业 | 54.6 |
| 食品加工业 | 53.9 |
| 橡胶和塑料制品业 | 53.0 |
| 黑色金属矿采选业 | 52.7 |
| 家具制造业 | 52.6 |
| 食品制造业 | 49.7 |
| 仪器仪表及文化办公用机械制造业 | 49.6 |
| 饮料制造业 | 49.0 |
| 有色金属矿采选业 | 48.0 |
| 非金属矿采选业 | 47.1 |
| 石油和天然气开采业 | 45.4 |
| 医药制造业 | 44.6 |
| 其他矿采选业 | 38.1 |
| 烟草加工业 | 23.9 |

（2）不同行业杠杆率比较。

我们比较了 2000~2014 年零售业、批发业、房地产业、电力热力的生产和供应业、燃气生产和供应业、水的生产和供应业的资产债务率（即资产负债率），如表5-6所示。

表5-6　2000~2014 年各行业资产债务率

单位:%

| 年份 | 零售业 | 批发业 | 房地产业 | 电力、热力的生产和供应业 | 燃气生产和供应业 | 水的生产和供应业 |
|---|---|---|---|---|---|---|
| 2000 | 73.0 | 81.5 | 75.6 | 60.5 | 45.7 | 39.2 |
| 2001 | 72.1 | 77.5 | 75.0 | 60.6 | 44.7 | 41.1 |
| 2002 | 72.3 | 76.9 | 74.9 | 61.5 | 47.5 | 42.0 |
| 2003 | 73.3 | 75.5 | 75.8 | 63.3 | 48.6 | 43.6 |
| 2004 | 71.9 | 72.5 | 74.1 | 55.2 | 46.9 | 45.3 |
| 2005 | 72.9 | 71.9 | 72.8 | 56.7 | 51.5 | 47.8 |
| 2006 | 73.0 | 70.6 | 74.1 | 57.2 | 54.7 | 50.5 |
| 2007 | 73.4 | 70.9 | 74.4 | 58.2 | 56.3 | 51.5 |
| 2008 | 69.9 | 69.5 | 72.3 | 64.0 | 55.8 | 51.9 |
| 2009 | 70.3 | 70.4 | 73.5 | 64.7 | 64.8 | 53.3 |
| 2010 | 71.8 | 71.9 | 74.5 | 65.8 | 55.6 | 54.1 |
| 2011 | 71.2 | 73.3 | 75.4 | 66.6 | 55.7 | 53.8 |
| 2012 | 71.9 | 73.6 | 75.2 | 66.7 | 57.0 | 55.8 |
| 2013 | 72.1 | 73.9 | 76.0 | 66.1 | 57.6 | 56.3 |
| 2014 | 71.6 | 73.9 | 77.0 | 64.8 | 55.8 | 57.6 |

零售业资产负债率一直维持在较高的水平，小有波动，总体而言呈微幅下降趋势，这主要是由于零售业整体的利润向好，资产增幅大于债务增幅。社会消费品零售总额可以作为反映零售状况的指标，事实上，2000~2014 年，社会消费品零售总额不断增加，增幅大致保持稳定略有上升，这是零售业资产债务率较为平稳的主要反映。

批发业的资产负债率总体呈下降趋势，但在 2008 年全球金融危机后，国外需求疲软，行业主营业务利润出现下降，同时受到国家4万亿投资对钢铁需求的影响，以钢铁贸易商为主的企业债务规模扩张明显，资产债务率又有所上升。

房地产行业的杠杆率在75%左右的区间波动，2008年金融危机前，房地产业杠杆率基本稳定，大致围绕74%上下波动；金融危机后，房地产行业杠杆率出现一定上升，由72.30%逐步上升到2014年的77.00%。房地产行业的杠杆率问题会在后续章节进一步说明。

电力、热力、燃气及水的生产和供应业的资产负债率均呈一定水平的上升，其中，电力、热力的生产和供应业的杠杆率在65%左右的区间波动，燃气生产和供应业的杠杆率在55%左右，水的生产和供应业的杠杆率上升较为明显，由2008年的51.9%上升到2014年的57.6%。

由于电力、热力、燃气及水的生产和供应业中的企业，主要以公用事业单位和政府融资平台为主，而城投公司由于其自身属性和与地方政府的特殊关系，报表数据并不能够客观、有效、完全地反映出企业在市场中的经营情况。当地政府通过资产注入、资产评估等方式，可以对城投公司的资产负债情况进行一定的干预，并且城投公司的债务问题与地方政府债务问题关系紧密，互相影响。因此，课题组在行业债务报告的部分暂且对该行业的债务问题不进行深入探讨。

综合上述分析可以发现，截至2014年末，各行业的负债规模均呈上升趋势，而工业部门不同行业的资产负债率基本都处于70%的信贷警戒线水平之下，过去年份资产负债率高于70%的行业，会逐渐降低向70%靠拢，一些明显的产能过剩行业近年来资产负债率不断攀升，但也基本不会超过70%的警戒线水平。

在工业领域的30个主要行业大类中，黑色金属矿采选业规模以上工业、石油和天然气开采业规模以上工业、煤炭采选业规模以上工业、有色金属冶炼及压延加工业规模以上工业、水的生产和供应业规模以上工业等12个行业的资产负债率呈上升趋势，而上升趋势较为明显的主要是产能过剩较为严重的行业，例如煤炭采选业规模以上工业，2014年资产负债率较2008年上升了7.2个百分点。其余18个行业的资产负债率在整体上呈下降趋势。

各行业的杠杆率变动方向出现明显分化，虽然工业部门各主要行业的负债绝对规模在上升，但其资产负债率变动方向有所不同。同时，批发、零售行业、房地产行业的资产负债率也均处于70%以上，尤其是批发业的资产负债率上升较为明显。

## 三、各行业债务杠杆与利润率

### 1. 模型与假设

本部分旨在从行业利润率的角度分析各行业债务杠杆的成因。这里，我们提出了投资边际利润简单模型，基于最基本的数理逻辑，分析行业杠杆率趋势性分化的因素。该模型逻辑如下：资产负债率是总负债与总资产的商，分子为总负债，分母为总资产。而会计上可以将总资产简单划分为总负债与所有者权益之和。对于总负债，又可以进一步划分为有息负债与无息负债。无息负债多与行业内部和上下游企业的商业赊销和经营活动相关，具体包括应收账款、应付账款等项目，是日常运营的必要手段，根据不同行业的特性，其周转速率有所不同，其金额大小并不能直接反映企业的债务负担。这里主要研究的是行业的债务存量、债务负担及债务风险问题，因此，无息负债不是重点讨论的对象，我们着重对行业有息负债进行考察。

$$资产负债率=\frac{总负债}{总负债+所有者权益}=\frac{有息债务+无息债务}{总负债+所有者权益}$$

$$=\frac{1}{1+\frac{所有者权益}{有息债务+无息债务}}$$

日常经营中，无息负债往往与企业既定的经营模式相关，在固定的、较短的观察期内变动率相对稳定。因此我们可以假定，负债变化主要由有息负债拉动。我们在考虑总负债变动时，实质上是对有息负债变动率进行分析。经过深入探讨，我们认为有息负债规模的增长主要由行业投资增速拉动。而且，企业举债的动机主要包括如下三类：

第一类，为了企业长期战略性发展需要而筹措的长期负债；

第二类，为解决企业短期资金不足而借入的短期借款；

第三类，企业在日常经营活动中产生的应付项目。

第三类举债动机在前文已经解释过,可以不纳入有息负债的范畴。其余的两大类动机中,第一类与第二类的变动较大,而第二类需求往往也是因为长期项目对资金占用较多,导致企业短期周转资金不足。而第一类动机其实代表着企业的投资扩张行为,因此我们可以进一步假设,有息负债由行业投资增速拉动。尤其对于传统资源型行业而言,有息负债的显著增加往往就是投资增长的结果。

针对所有者权益,我们认为,从整个行业的角度来看,股票增发对所有者权益的冲击不是考虑的重点,加上国内上市公司的分红普遍较少,因此可以假设,所有者权益变动主要由净利润拉动。

以上分析可以总结如下:基于研究假设,投资边际利润简单模型中,总负债变动主要由有息负债拉动,有息负债的变动反映了行业的投资扩张情况。所有者权益的变动主要考虑净利润变化,也就是"利润增速"和"有息负债增速"共同决定了行业资产负债率的变动。投资边际利润模型是一个真分数,背后的数理逻辑非常简单,即分子分母的变动共同决定分数值。分子变大,分母变小,分数值增加;分子变小,分母变大,分数值减小。

参考经典理论中关于边际投资效应等概念的阐释,我们将模型的经济学定义进行了进一步的完善。投资边际利润指每增加一单位投资所带来的纯利润增量。如果增加 1 单位新投资只能带来小于 1 的利润增量,说明新投资无法给企业增加应有效益。新增投资款基本通过有息负债筹集,会增加企业的财务负担。相反地,如果 1 单位新投资会带来大于 1 的利润增量,那么投资扩张是可取的,对企业是利好的。根据研究假设,模型可以进一步简化为如下形式:

$$资产负债率 = \frac{总负债}{总负债+所有者权益} = \frac{有息债务+无息债务}{总负债+所有者权益}$$

$$= \frac{1}{1+\dfrac{所有者权益}{有息债务+无息债务}} = \frac{1}{1+\dfrac{净利润}{有息债务+K}}$$

其中,K 为常数或具有恒定增速的数。在研究资产负债率变动情况时可以不考虑。只考虑利润变动与投资变动的相互关系。

研究资产负债率静态值时,关注净利润与有息负债的相对值;研究资产负债率动态趋势时,关注净利润与有息负债变化率的相对值。

**2. 模型应用分析**

在对模型进行了详细阐释后，我们运用实际数据对模型进行应用检验。实证发现，煤炭采选业规模以上工业企业、石油和天然气开采业规模以上工业、黑色金属矿采选业规模以上工业、石油加工及炼焦业规模以上工业、化学纤维制造业规模以上工业、黑色金属冶炼及压延加工业规模以上工业在 2012 年后的利润呈现出非常明显的下行趋势，如图 5-4 所示。

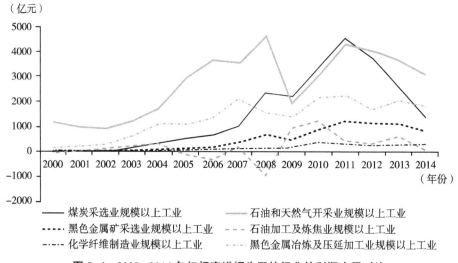

图 5-4　2000~2014 年杠杆率增幅为正的行业的利润水平对比

相比较而言，饮料制造业（观察期杠杆率增幅为 -1.98%）、烟草加工业（观察期杠杆率增幅为 -5.32%）、医药制造业（观察期杠杆率增幅为 -1.92%）的利润水平总体上增势强劲，如图 5-5 所示。

需要特别说明的是，房地产业的利润曲线有上升趋势，但资产负债率年均增幅仍为正值，这是否是对利润分化杠杆率论点的背离？其实不然。房地产行业的负债总额年均增速高达 28.45%，远高于其利润年均增速 1.89%，拉动行业杠杆率上行。究其根本，仍然是由于利润增幅与杠杆增幅的不匹配，具体表现为利润增幅过低而负债增幅过高，导致了房地产行业杠杆率的提高。

**3. 各行业利润水平变化情况**

根据上述模型可以发现，行业利润水平是导致行业杠杆率的趋势性分化的

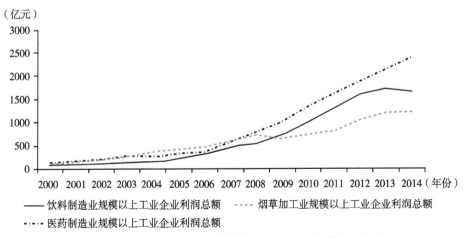

（亿元）

饮料制造业规模以上工业企业利润总额  ----- 烟草加工业规模以上工业企业利润总额
---·-- 医药制造业规模以上工业企业利润总额

**图5-5  2000~2014年杠杆率增幅为负的部分行业利润水平对比**

主因。根据初步的数据整理结果可以发现，虽然在全社会负债规模扩张的大背景下，几乎所有行业的负债规模绝对水平都在增长，但是只有煤炭采选业规模以上工业企业、石油和天然气开采业规模以上工业、黑色金属矿采选业规模以上工业、石油加工及炼焦业规模以上工业、化学纤维制造业规模以上工业、黑色金属冶炼及压延加工业规模以上工业这六个行业的年均资产负债率增幅为正。结合各行业盈利数据我们发现，造成各行业杠杆率趋势性分化的主要原因是行业利润水平。

课题组将2008~2014年利润上升、下降的行业及其变动比例进行了分析，如表5-7所示，利润上升的行业包括黑色金属矿采选业，有色金属矿采选业，非金属矿采选业，其他矿采选业，食品加工业，食品制造业，饮料制造业，烟草加工业，纺织业，家具制造业，造纸及纸制品业，文教体育用品制造业，化学原料及化学制品制造业，医药制造业，化学纤维制造业，橡胶和塑料制品业，非金属矿物制品业，黑色金属冶炼及压延加工业，有色金属冶炼及压延加工业，金属制品业，普通机械制造业，专用设备制造业，电气机械及器材制造业，电子及通信设备制造业，仪器仪表及文化办公用机械制造业，电力、热力的生产和供应业，燃气生产和供应业，水的生产和供应业28个行业。而煤炭采选业（-3.3%）、石油和天然气开采业（-2.6%）、石油加工及炼焦业（-184.3%）的利润下降。

表 5-7　2008~2014 年主要行业利润变动情况

单位:%

| | 2008 年 | 2009 年 | 2010 年 | 2011 年 | 2012 年 | 2013 年 | 2014 年 |
|---|---|---|---|---|---|---|---|
| 规模以上工业平均 | 12.55 | 13.02 | 53.58 | 15.73 | 0.84 | 10.45 | -0.33 |
| 水的生产和供应业 | -12.37 | -6.35 | 137.67 | 19.55 | 0.72 | 43.53 | 45.22 |
| 燃气生产和供应业 | 66.01 | 41.56 | 43.11 | 23.83 | 1.58 | 17.62 | 14.39 |
| 电子及通信设备制造业 | 6.69 | 13.84 | 63.59 | -1.59 | 12.97 | 19.79 | 11.92 |
| 医药制造业 | 36.41 | 25.36 | 33.92 | 20.65 | 16.18 | 14.3 | 11.71 |
| 电气机械及器材制造业 | 46.7 | 19.89 | 43.66 | 6.22 | 3.31 | 11.79 | 8.9 |
| 仪器仪表及文化办公用机械制造业 | 17.02 | 15.45 | 42.91 | 13.91 | -6.08 | 15.26 | 8.65 |
| 家具制造业 | 28.38 | 31.63 | 52.93 | 21.12 | 13.49 | 11.61 | 8.12 |
| 电力、热力的生产和供应业 | -74.34 | 153.8 | 52.47 | -2.38 | 42.89 | 43.63 | 7.4 |
| 化学纤维制造业 | -49.18 | 108.79 | 110.31 | 2.44 | -26.33 | 1.14 | 6.68 |
| 食品制造业 | 24.19 | 46.4 | 41.67 | 21.35 | 15.49 | 15.73 | 5.93 |
| 其他矿采选业 | 35.71 | 3.51 | 235.59 | -28.79 | 79.43 | -43.08 | 3.47 |
| 金属制品业 | 40.78 | 14.55 | 58.9 | 13.26 | 19.28 | 13.7 | 3.07 |
| 普通机械制造业 | 35.45 | 12.4 | 51.88 | 12.7 | -10.46 | 12.27 | 2.55 |
| 非金属矿物制品业 | 42.75 | 25.4 | 53.97 | 25.49 | -4.15 | 17.51 | 2.24 |
| 纺织业 | 21.09 | 17.66 | 55.6 | 15.25 | -3.2 | 13.8 | 0.57 |
| 烟草加工业 | 17.2 | -8.78 | 12.85 | 14.51 | 27.48 | 14.1 | -0.12 |
| 橡胶和塑料制品业 | 59.93 | 43.13 | 9.34 | 0 | 8.01 | 21.15 | -0.6 |
| 化学原料及化学制品制造业 | 4.62 | 13.87 | 66.5 | 21.82 | -7.01 | 9.72 | -1.6 |
| 饮料制造业 | 25.46 | 30.41 | 36.03 | 32.69 | 21.82 | 7.15 | -2.69 |
| 非金属矿采选业 | 55.02 | 9.9 | 48.76 | 29.69 | 7.43 | 10.66 | -2.9 |
| 专用设备制造业 | 30.44 | 17.27 | 56.56 | 16.14 | -0.46 | 8.84 | -3.1 |
| 食品加工业 | 35.84 | 23.67 | 56.12 | 19.27 | 14.58 | 8.46 | -6.04 |
| 造纸及纸制品业 | 14.05 | 16.08 | 44.06 | 4.58 | 1.81 | 0.22 | -6.31 |
| 有色金属冶炼及压延加工业 | -27.93 | 9.01 | 75.28 | 27.57 | -14.87 | 1.71 | -7.45 |
| 黑色金属冶炼及压延加工业 | -24.63 | -12.54 | 56.19 | 4.21 | -24.16 | 21.32 | -11.05 |
| 有色金属矿采选业 | -4.86 | -16.74 | 68.68 | 42.48 | -3.41 | -15.36 | -12.58 |
| 石油和天然气开采业 | 30.15 | -58.63 | 59.01 | 42.05 | -5.83 | -9.99 | -14.54 |
| 黑色金属矿采选业 | 100.66 | -37.28 | 103.29 | 35.5 | -6.39 | 0.34 | -25.12 |
| 煤炭采选业 | 129.75 | -5.97 | 56.07 | 32.33 | -16.5 | -29.62 | -46.86 |

续表

|  | 2008 年 | 2009 年 | 2010 年 | 2011 年 | 2012 年 | 2013 年 | 2014 年 |
|---|---|---|---|---|---|---|---|
| 石油加工及炼焦业 | -563.88 | -192.83 | 31.13 | -65.35 | -29.06 | 111.95 | -87.73 |
| 文教体育用品制造业 | 1.11 | 42.15 | 48.38 | 41.05 | 212.09 | 25.81 | 27.84 |

由于 2008 年金融危机是一个分水岭，因此，课题组梳理了 2008~2014 年各行业的平均利润水平，作为判断行业金融危机后整体盈利能力的参考，如表 5-8 所示。各行业 2008~2014 年利润的中位数为 1502.81 亿元，高于中位数数值的行业包括：金属制品业，有色金属冶炼及压延加工业，医药制造业，纺织业，黑色金属冶炼及压延加工业，专用设备制造业，电力、热力的生产和供应业，食品加工业，普通机械制造业，电子及通信设备制造业，煤炭采选业，非金属矿物制品业，电气机械及器材制造业，石油和天然气开采业，化学原料及化学制品制造业。低于中位数数值的行业包括：其他矿采选业，水的生产和供应业，化学纤维制造业，燃气生产和供应业，非金属矿采选业，家具制造业，石油加工及炼焦业，文教体育用品制造业，仪器仪表及文化办公用机械制造业，有色金属矿采选业，造纸及纸制品业，黑色金属矿采选业，烟草加工业，食品制造业，饮料制造业。

表 5-8　2008~2014 年工业部门各行业平均利润

单位：亿元

| 行　　业 | 平均利润 |
|---|---|
| 其他矿采选业 | 1.43 |
| 水的生产和供应业 | 73.23 |
| 化学纤维制造业 | 259.72 |
| 燃气生产和供应业 | 285.19 |
| 非金属矿采选业 | 316.12 |
| 家具制造业 | 318.95 |
| 石油加工及炼焦业 | 369.53 |
| 文教体育用品制造业 | 388.31 |
| 仪器仪表及文化办公用机械制造业 | 544.72 |
| 有色金属矿采选业 | 595.65 |

续表

| 行　业 | 平均利润 |
|---|---|
| 造纸及纸制品业 | 672.02 |
| 黑色金属矿采选业 | 909.04 |
| 烟草加工业 | 921.87 |
| 食品制造业 | 1181.26 |
| 饮料制造业 | 1226.33 |
| 橡胶和塑料制品业 | 1502.81 |
| 金属制品业 | 1517.16 |
| 有色金属冶炼及压延加工业 | 1523.89 |
| 医药制造业 | 1586.43 |
| 纺织业 | 1698.75 |
| 黑色金属冶炼及压延加工业 | 1847.10 |
| 专用设备制造业 | 1849.24 |
| 电力、热力的生产和供应业 | 2373.61 |
| 食品加工业 | 2541.95 |
| 普通机械制造业 | 2584.86 |
| 电子及通信设备制造业 | 2900.35 |
| 煤炭采选业 | 2925.25 |
| 非金属矿物制品业 | 3055.98 |
| 电气机械及器材制造业 | 3115.77 |
| 石油和天然气开采业 | 3519.79 |
| 化学原料及化学制品制造业 | 3609.89 |
| 规模以上工业企业 | 53999.21 |

## 四、各行业负债效应弹性分析

### 1. 负债效应弹性的含义

根据债务的财务杠杆效用和边际递减效应，可以利用负债利润弹性系数与负债收入弹性系数进行各行业的债务规模效应的评价。负债利润弹性系数表示利润增加对债务增长的反映程度，即利润增长率与债务规模增长率之比：若弹性大于1，表明1单位债务规模的增长能够带来超过1单位的利润增长规模；若弹性小于1，表明1单位债务规模的增长仅能够带来小于1单位的利润增长规模。负债收入弹性系数表示收入增加对债增长的反映程度，即收入增长率与债务规模增长率之比；若弹性大于1，表明1单位债务规模的增长能够带来超过1单位的收入增长规模；若弹性小于1，表明1单位债务规模的增长仅能够带来小于1单位的收入增长规模。二者均从特定行业的盈利能力出发，负债利润弹性在负债收入弹性的基础上考虑了成本变动的因素。负债利润弹性指标、负债收入弹性指标共同从相对量的角度，为研究负债的合意水平提供参考借鉴。

如果负债利润/收入弹性不断下降甚至为负，说明债务对行业盈利的拉动作用逐渐减弱，甚至会对利润/收入产生负面影响。如果弹性保持增长状态，说明行业现在的债务水平是健康、合意的，可以为企业提升盈利/收入、增强实力发挥正面作用。从我国工业总体负债收入和负债利润弹性变化情况看，负债利润弹性、负债收入弹性总体上均呈下降趋势，尤其是负债利润弹性下降幅度较大，2014年首次变成-0.04。

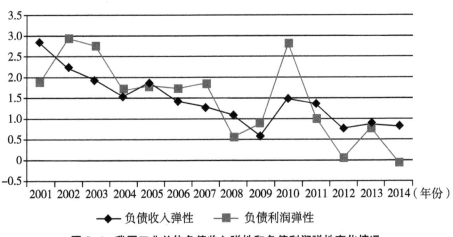

图5-6 我国工业总体负债收入弹性和负债利润弹性变化情况

## 2. 工业部门的负债弹性系数分析

我们基于国家统计局的数据，对国民经济工业部门主要行业进行负债效应的弹性分析,从各行业的负债利润弹性和负债收入弹性两方面分别考虑。

从 30 个工业部门行业负债弹性的变化情况看,2012 年以后,不论是负债利润弹性还是负债收入弹性,小于 1 的行业数均呈明显上升趋势,如表 5-9 所示。在负债利润弹性方面,2011 年之前,小于 1 的行业数占比最高值为 43.33%,且只出现过一次,而 2012 年后,三年期间每年的负债利润弹性小于 1 的行业数占比均超过 60%,尤其 2014 年达到 93.33%,仅有两个行业的负债利润弹性大于 1;负债收入弹性方面的变化与负债利润弹性的变化趋势基本一致,2011 年之前,小于 1 的行业数量仅在 2009 年突破 10 个,2012 年后,三年期间每年的负债收入弹性小于 1 的行业数均超过 20 个,但变化的波动不如负债利润弹性大。

表 5-9   30 个工业部门行业负债弹性情况

| 年份 | 负债利润弹性小于 1 | | 负债收入弹性小于 1 | |
|---|---|---|---|---|
| | 行业个数 | 占比(%) | 行业个数 | 占比(%) |
| 2004 | 9 | 30.00 | 5 | 16.67 |
| 2005 | 10 | 33.33 | 5 | 16.67 |
| 2006 | 5 | 16.67 | 3 | 10.00 |
| 2007 | 4 | 13.33 | 5 | 16.67 |
| 2008 | 11 | 36.67 | 6 | 20.00 |
| 2009 | 13 | 43.33 | 19 | 63.33 |
| 2010 | 2 | 6.67 | 4 | 13.33 |
| 2011 | 11 | 36.67 | 5 | 16.67 |
| 2012 | 25 | 83.33 | 26 | 86.67 |
| 2013 | 19 | 63.33 | 20 | 66.67 |
| 2014 | 28 | 93.33 | 20 | 66.67 |

### 3. 其他行业负债弹性系数分析

以上是课题组对于工业部门子行业的分析,此外,零售业、批发业、建筑业也是需要考虑的重点。表 5-10 分别列示了上述行业的负债利润弹性与负债收入弹性。

表 5-10 各行业负债效应弹性

| 年份 | 建筑业负债利润弹性 | 建筑业负债收入弹性 | 零售业负债利润弹性 | 零售业负债收入弹性 | 批发业负债利润弹性 | 批发业负债收入弹性 | 房地产业工业增加值弹性 | 房地产业固定资产投资弹性 |
|------|------|------|------|------|------|------|------|------|
| 1996 | -0.39 | 1.18 | | | | | | |
| 1997 | 6.81 | 0.71 | | | | | | |
| 1998 | -1.93 | 0.93 | | | | | | |
| 1999 | -1.28 | 1.21 | | | | | | |
| 2000 | -1.89 | 1.66 | 1.64 | 2.03 | 1.17 | 0.96 | | |
| 2001 | -0.58 | 2.97 | 2.56 | 6.83 | 0.50 | 0.73 | | |
| 2002 | -0.71 | 1.50 | 0.97 | 1.87 | 0.86 | 1.00 | 0.44 | 0.74 |
| 2003 | | | 0.39 | 1.26 | 0.72 | 1.19 | 0.24 | 0.51 |
| 2004 | -1.18 | 1.61 | 0.39 | 1.26 | 0.72 | 1.19 | 0.24 | 0.51 |
| 2005 | -0.33 | 1.43 | 5.58 | 1.65 | -0.57 | -0.67 | 0.11 | 0.26 |
| 2006 | -0.80 | 1.43 | 2.77 | 1.47 | 1.36 | 1.17 | -0.17 | -0.37 |
| 2007 | -0.81 | 1.13 | 1.56 | 1.24 | 1.13 | 0.98 | 0.19 | 0.35 |
| 2008 | -0.42 | 1.11 | 1.23 | 1.20 | 1.63 | 1.40 | 2.29 | 3.82 |
| 2009 | -0.36 | 1.22 | 2.52 | 1.39 | -358.87 | -140.31 | 5.68 | 14.84 |
| 2010 | -0.20 | 1.04 | 0.34 | 0.83 | 1.91 | 1.44 | -0.32 | -1.08 |
| 2011 | -0.48 | 0.76 | 0.99 | 1.14 | 2.88 | 2.28 | 0.17 | 0.32 |
| 2012 | -1.61 | 0.87 | 1.09 | 0.95 | 3.89 | 1.83 | -0.65 | -1.43 |
| 2013 | | | 0.59 | 0.65 | 0.98 | -0.73 | -0.46 | -1.19 |
| 2014 | | | 1.51 | 1.03 | 3.92 | 4.68 | | |

对于建筑业来说，建筑行业的负债收入弹性与建筑负债利润弹性出现明显的两极分化。

对于批发业和零售业来说，不同于工业部门各类细分行业，批发零售业的负债收入弹性与负债利润弹性并未出现明显降幅，大体上看，除去 2008 年受到金融危机冲击出现异常数值，2013 年的弹性系数相比 2000 年有所改善。全社会零售品销售额不断增加，较好的销售环境为批发零售业的盈利能力提供基础。批发零售业不能算作典型的周期性部门，虽然在遇到诸如金融危机这类大事件的冲击时，其盈利能力也会受到很大影响，但是普通的工业周期、产品周期对其造成的影响远远小于工业部门其他行业。虽然宏观经济的疲弱对居民消费构成了一定压力，但近年来互联网金融的兴起、电子商务的快速发展加速了网上购物模式对线下客流量的吸引，推动板块盈利。

对于房地产业来说，由于房地产业经营方式的特殊性，其行业发展与经济周期具有明显的同步性，而且其对宏观经济发展具有明显的贡献，因此，对房地产负债效应弹性，采用了工业增加值弹性、固定资产投资弹性。从2002年以来的弹性系数看，大致分为三个阶段：第一阶段，2005年之前，其弹性处于下降状态，固定资产投资弹性由2002年的0.74下降到2005年的-0.37；第二阶段，为2006~2008年，此阶段，其负债弹性处于上升状态，尤其是2008年，负债对固定资产投资的弹性高达14.84；第三阶段，为2009年之后，此阶段，负债弹性处于下降状态，尤其是2011年和2012年，弹性系数均小于零，可以认为其负债效应出现拐点。

综上所述，通过全面的行业杠杆率、弹性效应等方面分析，可以看到，目前大部分工业部门细分行业的资产负债率是处于下降通道的，课题组认为，这正是我们需要关心的关键所在，通过进行弹性系数分析，大部分行业的负债利润/收入弹性呈逐步下降趋势，说明每单位负债的投入正在带来越来越低的利润输出，这些行业主要是煤炭、钢铁、建材、有色等产能过剩行业，一方面是受到宏观经济大环境的冲击利润下降明显，另一方面则是在需求下降的时段新产能不断投产、扩张，积累了高额负债，使得问题雪上加霜。因此，在非金融企业所处的行业中，去杠杆主要涉及煤炭、钢铁、建材、有色等产能过剩行业和房地产业，后续也将着重针对产能过剩行业和房地产业进行分析。

# 五、重点行业债务拐点分析

在行业负债效应弹性和利润率的分析基础上，本部分以化学纤维制造业、石油化工业两个过剩行业为典型代表进行分析，并对其债务拐点可能出现的时间进行初步判断。

**1. 化学纤维制造业**

（1）行业现状。

化学纤维制造行业处于纺织业的上游，涤纶、氨纶是其主要产品。近年来，化纤行业出现了明显的产能过剩，既有行业内部原因，也有来自外部经济环境的影响。就行业内部性质而言，我国化纤行业技术水平有限，纤维材料技术、面料技术以及产品开发设计水平较低，因此，产品同质化竞争严重，产品毛利率较低，大部分企业通常依靠扩大产能，通过规模效应赚取利润。根据产业信息网发布的《2015~2022 年中国化学纤维制造业行业竞争格局及投资战略咨询报告》显示，化学纤维生产，自 2009 年后，连续 6 年保持增长态势，如表 5-11 所示。根据中国产业信息网发布的数据：2015 年上半年我国化学纤维规模以上企业数量达到 1905 家。其中 445 家企业出现亏损，亏损金额为 23.58 亿元。而化纤行业作为资金密集型行业，增加贷款、举债融资是产能扩张的必要手段。因此，伴随着产能的迅速扩张，行业的负债负担也越来越重。

表 5-11 化纤行业资产负债情况

| 年份 | 资产（亿元） | 负债（亿元） | 资产负债率（%） |
|---|---|---|---|
| 2000 | 1808.44 | 1034.70 | 57.22 |
| 2001 | 1531.20 | 917.77 | 59.94 |
| 2002 | 1563.10 | 930.52 | 59.53 |
| 2003 | 1595.13 | 933.56 | 58.53 |
| 2004 | 2122.46 | 1269.08 | 59.79 |
| 2005 | 2461.41 | 1454.84 | 59.11 |
| 2006 | 2736.40 | 1633.10 | 59.68 |
| 2007 | 3462.37 | 2106.29 | 60.83 |
| 2008 | 3366.01 | 2008.85 | 59.68 |
| 2009 | 3389.56 | 2059.93 | 60.77 |
| 2010 | 4204.80 | 2526.73 | 60.09 |
| 2011 | 5236.96 | 3242.19 | 61.91 |
| 2012 | 5737.44 | 3605.60 | 62.84 |
| 2013 | 6205.37 | 3942.19 | 63.53 |
| 2014 | 6455.37 | 4008.63 | 62.10 |

PTA（精对苯二甲酸）是化学纤维制造业的主要原料之一，因此，PTA 的产能情况关系到化学纤维行业及其下游纺织行业的供需格局和产品价格。

90%的PTA用于生产聚酯纤维，80%的聚酯纤维用于最大产量合成纤维即涤纶的生产。

自2012年以来，我国PTA产能过剩问题日益突出。经过持续5年的大举投资，PTA产能从2010年的不到1500万吨/年大规模扩张到2015年的超过4600万吨/年，增长幅度达2倍之多。PTA产能集中释放，导致产品价格下降，化纤公司盈利能力普遍被削弱。2012年与2014年，PTA分别经历了两次大规模的放量投产，增速高达64%与29.4%，产能在2014年达到4310万吨。但与此同时，PTA产量却不增反降，2014年消费量增速自2008年金融危机以来再度为负，如表5-12所示。

表5-12 我国PTA供需情况

| 年份 | 产量<br>（万吨） | 进口量<br>（万吨） | 出口量<br>（万吨） | 表观消费量<br>（万吨） | 消费量增速<br>（%） | 自给率<br>（%） |
|---|---|---|---|---|---|---|
| 2007 | 981.0 | 599.3 | 0 | 1580.2 | | 62.10 |
| 2008 | 935.0 | 497.0 | 0.9 | 1431.8 | -9.40 | 65.30 |
| 2009 | 1196.0 | 508.0 | 0.1 | 1703.9 | 19.00 | 70.20 |
| 2010 | 1413.5 | 540.2 | 0.4 | 1953.3 | 14.60 | 72.40 |
| 2011 | 1648.0 | 537.7 | 2.7 | 2183.0 | 11.80 | 75.50 |
| 2012 | 2050.0 | 419.5 | 0.9 | 2468.6 | 13.10 | 83.00 |
| 2013 | 2700.0 | 213.7 | 12.6 | 2901.0 | 17.50 | 93.10 |
| 2014 | 2655.0 | 98.1 | 46.3 | 2706.8 | -6.70 | 98.10 |
| 2015 | | 68.7 | 62.3 | | | |

资料来源：海关总署，国家统计局。

化纤行业的周期性和季节性并不明显，因此，在宏观经济下行、实体需求疲软的背景下，化纤行业的产能过剩问题可以通过行业整体性限产、技术水平提升、产业链延伸等方式得到缓解。相比周期性行业，自身可控性较强。PTA"限产保价"政策去库存效果较佳，PTA库存天数呈下降态势，PTA工厂负荷率、聚酯工厂负荷率有所提高（见图5-7），为缓解库存压力、提高产品价差提供基础，有助于化纤行业内生产企业走出困境，改善盈利。

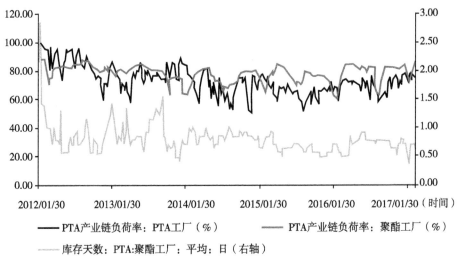

图 5-7　PTA 库存天数、负荷率等指标情况

资料来源：Wind 资讯。

（2）行业发展趋势和拐点判断。

未来，受益于供给侧改革，PTA 产能过剩情况有望得到较大程度的缓解，供需格局趋向紧平衡。受到产能投放控制和部分生产线停产退出的影响，PTA 新增产能投放已经进入尾声，未来两年预计新增产能仅 300 万吨左右，且聚酯、涤纶需求稳定，行业整体状况有望得到改善。

化纤行业产能集中程度较高，翔鹭石化（产能份额为 14%）、逸盛大连（产能份额为 13%）、逸盛宁波（产能份额为 12%）、恒力石化（产能份额为 10%）和远东石化（产能份额为 7%）作为产能排名前五位的经营主体，占据了市场近 56% 的产能份额，产能集中程度较高，有利于未来行业提升上下游议价能力，改善盈利状况。

不过，化纤行业作为典型性产能过剩行业，淘汰落后产能、缓解库存压力依然是主要努力方向，而产能无序扩张、供需弱平衡打破仍然是未来行业所面临的主要风险。在产能过剩和纺织服装业低速增长的大背景下，不排除部分纺织商品价格再创历史新低的可能性，影响化纤行业盈利格局。

此外，我国化学纤维产品同质化竞争严重，企业多依靠规模与产量取胜，技术和产品附加值非常有限。伴随着人口大周期拐点的到来，资金与人口成本不断走高，我国沿海化纤生产企业曾经的显著优势难以重现。相比之下，东南亚在人口费用、原材料开采与运输等方面表现出越来越强的竞争优势，或对国内企业造成威胁，推动行业内企业寻求新的产业链布局和盈利模式。

化纤行业的产能过剩问题由来已久，并且其民营主体占比较高的行业特征，导致化纤行业的债务问题风险进一步增加。化纤行业技术壁垒低，产品附加值少，因此其盈利能力受原材料价格、市场供需情况的影响更大，波动性也更大。PTA 经历了大规模投产后在 2014 年达到高峰，虽然之后没有再出现大规模的新增产能投放，在环保要求和落后产能关停政策的推动下，行业供需情况也有所缓解，但行业核心竞争力匮乏、过度依赖原料和资金粗放投入的现状仍没有改变。课题组初步判断，化纤行业的债务拐点很可能出现在 PTA 产能达到高峰的 2014 年左右。

**2. 石油化工行业**

（1）行业现状。

基于课题组的数据统计结果，2000~2014 年，石油和天然气开采业、石油加工及炼焦业的杠杆率年均增幅分别为 1.08%、0.78%，是 30 个主要行业中为数不多的杠杆率增加的行业。

过度投资是石化行业产能过剩的主要原因，而各地地方政府恰恰是推动石化行业投资快速增长的重要驱动力。2008 年金融危机后，全球经济增速放缓，石化产品的需求疲弱，加剧了产能过剩情况。根据有关部门的测算，我国石化行业约有 60%~70% 的产品领域存在产能过剩问题。

宏观经济下滑和油价低迷无疑给了石化行业双重压力，使其产能过剩问题进一步突出，细分行业的产能利用率更是下滑严重，持续处于较低水平。目前我国炼油、合成橡胶、PTA、丙烯酸等细分领域产能利用率均不足 70%，如表 5-13 所示。

表 5-13  部分石化产品产能利用率比较

| | 产能（万吨） | 产量（万吨） | 2014 年产能利用率（%） | 历史产能利用率（%） |
|---|---|---|---|---|
| 原油加工 | 74628 | 50277 | 67.40 | 88.2（2005 年） |
| 乙烯 | 1928 | 1697 | 88 | 96.1（2005 年） |
| PTA | 4335 | 2655 | 61.20 | 84.1（2007 年） |

续表

|  | 产能（万吨） | 产量（万吨） | 2014年产能利用率（%） | 历史产能利用率（%） |
|---|---|---|---|---|
| 丁二烯 | 381 | 250 | 65.70 | 85.2（2004年） |
| 丁苯橡胶 | 168 | 97 | 57.80 | 92.9（2004年） |
| 顺丁橡胶 | 170 | 86 | 50.40 | 94.8（2004年） |
| 丙烯酸 | 267 | 154 | 57.80 | 73.6（2009年） |

资料来源：石化经济分析，海通证券研究所。

受盈利下滑与生产扩张的拖累，石油化工行业资产负债率逐年攀升，石油加工及炼焦业杠杆率水平高于上游石油和天然气开采业，截至2014年，资产负债率数值（66.3%）逼近70%警戒线，如表5-14所示。2012年后，行业负债利润弹性、负债收入弹性显著下滑甚至为负值，进入下行通道，如表5-15所示。表示每增加1单位的负债，不仅不能带来相应的收入或利润的增加，还会带来利润或收入的减少。说明石化行业不仅出现严重的产能过剩，还有不可忽视的"负债过剩"问题。

**表5-14　石油化工行业资产负债情况**

| 年份 | 石油和天然气开采业资产负债率（%） | 石油加工及炼焦业资产负债率（%） |
|---|---|---|
| 2000 | 40.0 | 59.5 |
| 2001 | 36.5 | 56.3 |
| 2002 | 35.6 | 56.4 |
| 2003 | 35.6 | 51.3 |
| 2004 | 37.1 | 54.0 |
| 2005 | 34.2 | 56.5 |
| 2006 | 37.1 | 57.0 |
| 2007 | 38.6 | 56.6 |
| 2008 | 39.1 | 61.9 |
| 2009 | 45.8 | 62.4 |
| 2010 | 43.7 | 60.9 |
| 2011 | 48.6 | 63.0 |
| 2012 | 46.9 | 65.0 |

续表

| 年份 | 石油和天然气开采业资产负债率（%） | 石油加工及炼焦业资产负债率（%） |
|---|---|---|
| 2013 | 46.8 | 66.0 |
| 2014 | 46.5 | 66.3 |

表5-15 石化行业负债收入、负债利润弹性

| 年份 | 石油加工及炼焦业负债收入弹性 | 石油和天然气开采业负债收入弹性 | 石油加工及炼焦业负债利润弹性 | 石油和天然气开采业负债利润弹性 |
|---|---|---|---|---|
| 2001 | -0.88 | 1.59 | 417.42 | 2.68 |
| 2002 | -3.92 | -0.46 | 359.05 | -4.70 |
| 2003 | -4.41 | 2.24 | -21.20 | 2.74 |
| 2004 | 1.18 | 1.24 | 3.69 | 1.59 |
| 2005 | 1.03 | 11.20 | -4.34 | 21.24 |
| 2006 | 1.39 | 0.86 | 8.99 | 0.76 |
| 2007 | 0.84 | 0.34 | -7.37 | -0.12 |
| 2008 | 0.72 | 0.98 | -15.57 | 0.98 |
| 2009 | -0.52 | -0.79 | -16.22 | -1.62 |
| 2010 | 2.13 | 4.98 | 1.75 | 8.58 |
| 2011 | 1.10 | 0.84 | -2.66 | 1.66 |
| 2012 | 0.39 | 0.97 | -2.01 | 0.60 |
| 2013 | 0.32 | -0.08 | 9.05 | -1.30 |
| 2014 | 0.04 | -0.23 | -12.78 | -2.39 |

（2）行业发展趋势和拐点判断。

2016年3月，政府工作报告推出和"十三五"规划纲要草案发布，重点工作包括加强供给侧改革等八大方面，我们认为需要加强石化行业的供给侧改革与油气体制改革。可以说，与化纤、有色、钢铁、煤炭等产能过剩行业一样，石化行业未来的发展方向也是去产能、去库存，尤其是炼油、合成橡胶、PTA、丙烯酸这些过剩严重的子板块。与此同时，鼓励民间资本参与的油气改革能够激发非公有制经济在石化行业的活力，引入民营及社会资本进入上游油气开采领域，一改过去油气开采基本由公有经济主导的局面，增强行业市场化

程度，促使企业提高效率。

改革的蓝图描绘了石化行业的光明前景，同时我们也应当警惕行业未来面临的风险点。一方面，改革难及预期，去产能效果不理想是一大风险。沉重的负债存量负担，导致石化行业可能并不像改革所预期的一般尽快实现供需平衡，摆脱困局。另一方面，安全环保压力持续增大，也会制约石化公司未来的业务拓展与可持续经营。国家对生产安全与环境保护的重视程度日益提高，石化行业又属于传统的污染型企业，其生产过程中排放的废水、废气（$SO_2$、氮氧化物等）与固体排放量均位于工业行业前列，节能环保压力巨大。更加严格的安全环保标准对石化行业企业的生产工艺、人员技术、管理水平、设备先进程度提出了更高要求，对于还未能彻底从产能过剩中走出的石化行业而言，随之而来的资金压力与生产压力可想而知。更进一步说，石化企业为了引进先进设备、工艺与人才，可能需要外部融资的支持，而用于生产建设的外部融资往往会形成企业的有息负债。短时间来看，有息负债的增加会恶化行业财务状况，但如果这种新的投入是有效率的，会带来规模效应递增的回报，那么从长远来看，是对整个行业的长足发展大有裨益的。然而，如果企业不能合理评估自身生产实力，盲目新增投产，可能会在实际上推动经营状况的恶化。这需要企业进行理性选择，同时，也在行业层面上形成了潜在风险。

从石化行业的负债收入、负债利润弹性上来看，2011年后，两项指标出现了明显的恶化并且开始呈现下行趋势，结合对宏观经济形势的判断，课题组认为，石油化工行业的债务拐点很可能出现在2011年左右。这是我们所研究的众多行业中债务拐点出现时间较早的。

## 六、总结与建议

近年来，包括国有企业在内的很多企业，热衷于铺摊子、上项目、争排名，目标不是做强而是做大，由此出现了大量投资过剩、产能过剩和重复建设问题。例如，煤炭行业在2006年就已出现负债规模效应拐点，但在2009年的宏观政策背景下，行业负债规模还在不断加大。这种现象背后体现了一种发展观的浮躁。当前，要从战略高度认识经济资源全局性配置的必要性和可能性，花大力气提高资源配置的效率。一方面，要进一步强化市场在资源配置中的基础性作用；另一方面，针对局部出现的市场调节失灵，政府必须果断出手干预，为市场运行划定合理边界，强化长期性、持续性的宏观调控，克服市场调节中存在的自发性、盲目性、滞后性问题。根据本章的分析，有关部门应当在如下几个方面进行深入思考和战略调整：

第一，重新认识行业过剩现象，以提高企业竞争力为目标解决产能过剩、结构陈旧症结。从市场的标准看，国内很多学者提出的行业过剩、产能过剩问题是不存在的。任何过剩都是常态的、边际的。在市场经济环境下，无形之手总是在过剩与均衡之间进行有效调节。因此，用计划的方法对生产能力与有效需求进行扎差，得出部分行业产能过剩的结论，过于简单。从目前我国行业过剩问题的现状看，其实质性症结不是结构问题，而是企业竞争力不足，导致产品供给层次难以满足需求层次的升级，存在供需偏差。因此，解决行业过剩、产能过剩问题，不应以"去产能"为核心，而应以提升实体经济的能力和水平，提高企业和产品的竞争力为核心手段。

第二，把"僵尸"企业问题放到产业发展的战略层面，大力处置"僵尸"所带来的系列问题。从日本经济泡沫破灭后的教训看，由于其未下定决心关闭或重组"僵尸银行"和"僵尸企业"，而是让这些银行和企业保持最低限度的运转。这些"僵尸银行"和"僵尸企业"既无活力，也未倒闭，不但不能对经济增长形成支持，还不断占用社会资源，极大地阻碍经济复苏。因此，要抓住国有企业改革契机，下定决心处置"僵尸"企业和低效无效资产。要依法合规通过证券交易、产权交易等资本市场，以市场公允价格处置企业资产，采用稳妥的方式优化存量负债结构，降低部分行业的杠杆率，做好增量负债规模的合理投放，实现国资形态转变，解决"僵尸"企业带来的种种隐患，引导资金支持产业转型升级和实体经济发展。

第三，借鉴吸取我国经济之前去杠杆的经验和教训。从我国经济发展的历程看，去杠杆已不是第一次。1997～2002年去杠杆手段的效果和经验值得借鉴，在此期间，我国企业整体负债减少的速度大于经济降速，在经历了短暂阵痛期后，2003年相关指标企稳回升，表现出较好的去杠杆效应。因此，应当借鉴吸收当时去杠杆的手段及影响，结合目前国际国内经济形势，稳妥推进去杠杆、优产能工作。通过课题组提出的边际投资利润模型，行业利润水平是导致主要行业间杠杆率分化的重要原因。仅仅是降低负债，不重视对盈利能力的提升，难以从根本上解决制造业部门的负债问题。因此，应当重视行业盈利能力的提升，从根本上促进整个制造业部门的健康可持续发展。

第四，对不同行业采取适用性政策，坚持因地制宜，杜绝"一刀切"。例如，钢铁行业面临着沉重的负债负担，杠杆率居高不下，短期负债占比过大，潜在流动性风险突出。这是财务数据反映给我们的结果。然而，如果只是单纯地要求钢铁企业停止审批新项目，加大还款力度，加快还款速度，可能只是让行业暂时避免了崩溃的风险，并没有从本质上推动行业的健康发展。通过进一步研究会发现，钢铁行业集中度过低、资源分散、产品技术含量不高、市场上的高附加值产品稀缺，特种钢在整体产品结构中占比较低。许多大型知名钢铁企业的工作效率低下，市场营销与规划能力不足，导致产能过剩，库存压力大。而解决这些问题的关键，在于加快加强国有大中型钢铁企业所有制改革，鼓励有利于行业发展的兼并重组，支持企业引入新技术、新设备与高端人才，提高日常经营管理水平。倘若只强调问题的一方面，即严格控制新增负债，那么，企业很可能因为这种信贷限制和融资限制导致开发创新资金的缺乏，失去了增加产成品附加值、提高竞争力的机会。同理，煤炭行业去杠杆的解决方式也不能单一地集中在负债控制上，应当鼓励煤炭企业提高生产技术、发展煤炭深加工，提升盈利水平。

在研究过程中，课题组通过对债务类数据进行分析，发现由于数据管理机构不同，同一数据指标在不同机构间存在较大的偏差，甚至同一机构从不同角度得到的数据也存在较大差异。没有高质量的数据，就无法客观分析我国整体的债务现状，也就无法为政策制定和决策实施提供有力参考。为了能够更真实地掌握我国整体经济的债务规模，尤其是对影子银行、或有负债、隐含担保等情况进行深入了解和掌握，建议在未来的研究中开展全国整体债务规模的调查，并在此基础上构建合理有效的各类债务数据收集机制，建立高质量的数据库和信息库，为今后的债务监控和债务管理奠定基础。

# 第六章 中国房地产上下游行业债务研究

本章重点关注房地产上下游行业的债务拐点。考虑到房地产产业链总产值占 GDP 的比重高达 20%，在国民经济领域中扮演着重要角色，因此，课题组选择对煤炭、钢铁、有色、建材、家电、房地产这六个房地产产业链上的行业进行行业分析和拐点初判。分析方法同样引用我们在全社会负债分析中所使用的计量模型，以某行业的主营业务利润作为因变量，负债与负债的二次方作为因变量。通过考察负债一次方与二次方前面的回归系数，判断行业是否出现负债拐点，再通过进一步的计算，得出拐点负债的数值与拐点利润的数值。根据模型估计出的拐点数值，推算行业在何时进入了负债拐点。计量结果表明，煤炭行业达到拐点的时间是 2011 年，钢铁行业达到拐点的时间是 2012 年，建材行业尚未达到拐点，有色金属行业达到拐点的时间是 2013 年，房地产行业达到拐点的时间是 2013 年。

本章的结论还显示，房地产债务包括需求端的居民杠杆（房贷）负债、供给端的房地产开发商负债。我国房地产行业的负债问题主要在供给端。同时房地产产业链的债务拐点具有传导性，传导顺序是由上游行业传导至下游行业，与经济周期的传导是相反的。对于经济周期来说，下游行业之所以是传导链条的开端，主要是因为下游消费类行业相对上游行业来说，对经济波动的反应更为灵敏，正因如此，上游行业才容易过度举债扩张，导致债务高企，较早进入拐点。

课题组不局限于官方统计数据分析，而是广泛结合市场上的最新动态，深入河南、山西等地进行实地调研，综合运用多方成果支持论点。在最后一节中，课题组还充分结合了 2016 年最新的市场情况和研究观点，全面探讨了"去产能"问题。

## 一、房地产行业债务分析

### 1. 房地产行业债务现状

房地产行业对中国经济和居民生活的重要性不言而喻。实际上，世界主要经济体的发展都与房地产行业密切相关。因为房地产行业囊括了国民经济领域的诸多行业，例如煤炭、水泥等传统资源型行业，钢铁、有色等产能过剩行业，家电、家具、家装等下游消费行业，租赁、信贷等金融行业，可谓是"牵一发而动全身"。从长期来看，房地产行业的兴旺与衰退，与一国的经济发展水平密切相关，业界有观点认为，房地产业的增速，理论上应当与一国的GDP增速、人均收入增速之和一致。也就是说，房地产市场行情本质上是由本国的基本面决定的。如果在某些时段发生了偏离，通常是由于人口结构（如人口红利、老龄化等）的影响。而从短期来看，房地产行情走势从某种程度上可以算是一种"货币现象"，货币政策宽松，房贷利率下降，经济中多余的钱涌入房地产中。由此可见，房地产市场的兴衰牵涉着社会发展的诸多方面，如国内生产总值、货币政策、人口结构等，而房地产行业属于杠杆偏高的行业，因此，关于其债务负担问题的研究就尤为重要，也更有价值。

从统计局的数据统计结果看，我国房地产行业的杠杆率在75%左右的区间波动。2008年金融危机前，房地产行业杠杆率基本稳定，大致围绕74%上下波动；金融危机后，房地产行业杠杆率出现一定上升，由2008年的72.30%逐步上升到2014年的77.00%，如图6-1所示。广义的房地产行业杠杆应包含两个部分，分别是需求端的居民借贷杠杆和供给端的开发商债务杠杆。课题组认为，当前我国居民借贷杠杆受多重因素影响增长较快，但整体水平相较发达经济体仍然偏低。而开发商债务杠杆资产负债率快速上升，行业整体流动性压力明显增加，且融资结构不合理，已造成经济发展金融系统稳定运行的隐忧。本节中，课题组将分别分析房地产行业的供给端债务和需求端债务现状，并在后续章节中，针对房地产行业链的债务情况进行深入研究。

对于供给端债务而言，我们是不持有乐观态度的。由于很多上市房企的扩张策略非常激进，高价拿地现象频出，快速增高的资产负债率侵蚀了企业利润，给房地产企业未来的财务埋下隐患。2014年，房地产行业的资产负债率

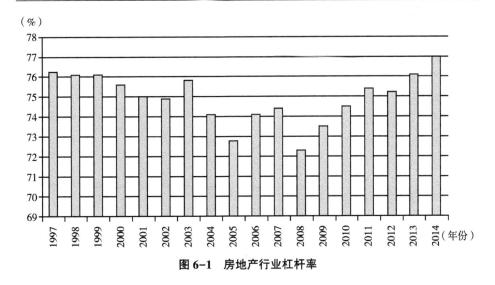

图 6-1 房地产行业杠杆率

已升至77%的高位，如果考虑到房地产市场存在泡沫（至少三四线城市及非核心二线城市均有此隐患），未来地产资产将有缩水风险的话，这一数字还可能继续走高，最终导致杠杆率过高，部分资质较差、扩张太激进的企业资不抵债。并且，通过对上市企业财务数据进行分析，课题组认为，这一隐患确实是真实存在的。考虑到房地产公司存货（待售房屋）占比较高，因此，分别选择了能够衡量房地产行业企业长短期偿债能力的速动比率、已获利息倍数，2011年后，两项指标都明显走低，反映了房地产行业企业长短期偿债能力均有弱化，如图6-2所示。

2000年后，我国房地产市场便开始迅速发展，每一轮的价格攀升，都会引发市场的一片热议。金融危机过后，国内房价更是经历了多次升温，尤其是北上广深等一线城市，房价炙手可热，虽有调控政策出台，但仍不改房价上涨趋势。房地产行业杠杆问题，也是各界讨论的核心之一。站在需求端的角度，我们首先来分析一下我国居民房地产借贷杠杆的现状。居民购房的动机不外乎两类，一为自用居住，二为增值投资。我国经济发展的区域不平衡性由来已久，北上广深等一线城市集聚了大量物质文化、教育医疗资源，在计划生育的影响下，在股市起伏波动、居民财富增值途径受限、资产保值增值需求的背景下，房地产投资成为居民大类资产配置中的最佳选择。从短期看，房地产价格波动从某种意义上来讲也是一种"货币现象"。在货币政策宽松周期下，房贷

图 6-2　房地产行业财务指标

利率降低、限购放松（首付比例下调等政策），推动 2015 年个人住房贷款迅猛攀升，新增个人购房贷款 2.67 万亿元，占全年住宅销售额的比例为 37%。但是，这一比例与主要发达经济体相比，还是比较低的，我国的房贷居民杠杆水平不高，未来还有空间，主要的问题在于房地产开发企业资产负债率攀升较快，债务负担重，且对银行信贷融资过度依赖。

据统计，目前房地产开发企业资金来源中，有 65% 左右的资金来源于银行体系，明显超过 40% 的国际平均水平，一旦房地产行业出现债务危机，银行系统所受到的影响将是最大的。房地产行业的债务问题，不但牵涉到房地产上下游庞大的实体经济，还与以银行为主的金融体系密切相关，影响重大。

从需求债务端的居民杠杆看，根据历史情况，每一次居民杠杆的显著增加，都与货币政策、房价调控政策高度相关。例如 2015 年居民加杠杆高峰的到来与各地下调购房首付比例有关。但即使在政策刺激下，我国居民杠杆水平也不高，与发达经济体差距较大，且呈现出明显的政策周期性，对整个房地产行业杠杆的攀升影响不大。

国内房地产开发商的资产负债率一直处于上升通道，2016 年的数据还未公布，但根据课题组对全国主要区域实地调研的结果，房地产开发商的杠杆率还会进一步增加，这主要是基于两点原因：第一个原因是，宏观经济下滑，实体企业盈利未有明显好转，实体经济回报率低，逐利的资本流入房地产是必然结果。从银行的角度出发，很多行业，尤其是产能过剩性行业的企业亏损严重，基础设施建设和房地产领域往往是银行进行信贷投放的最佳选择，相比以工农中建四大国有商业银行为代表的大型银行，小型银行难以在基础设施建设和轨道交通信贷领域争取到客户资源，因此，房地产领域便是这些中小银行的最佳选择。而中小银行往往有更加严格和迫切的盈利要求，因此在信贷项目的审批方面会更为激进，从而推高房地产企业资产负债率。第二个原因是，2016年以来房地产市场火热，不论是银行、开发商还是其他市场主体，均对房地产市场持乐观态度，房价上涨的推动叠加乐观的市场情绪，导致房地产开发企业纷纷加杠杆，课题组通过对河南区域的调研发现，郑州一些房地产商的杠杆非常高，资本金可能只有10%，有一些企业甚至连保证金都想通过融资解决。

虽然从短期来看，房地产资产负债率可能还会延续之前的增长态势，但从长期来看，房地产行业杠杆率可能会稳定在相对高位上，不会有进一步的显著攀升。课题组总结了如下两点原因：

第一，2016年房价的上涨并非是全面上涨，区域分化、类型分化非常显著。区域分化方面，一线城市、二线核心城市受到热捧，这些城市经济发达，人口呈净流入状态，对周边的优质资源具备较强的吸纳能力。例如在本轮房价上涨中受益的厦门、郑州、南京等地，基本不存在库存，因此也就没有去库存这一说。但是三四线城市的地产过剩严重，消化库存通常需要三到四年，并且没有受益于此番房价上涨，大部分三四线城市房价平淡，销售情况不甚乐观，并没有受到核心城市的带动。类型分化方面，即使是涨势较好的核心城市，住宅基本没有库存，但商品房存在过剩，销售情况并不理想。以郑州市为例，虽然郑州市房价有所上涨，住宅不存在库存问题，但是郑州东站、龙湖岛金融中心的商品房严重过剩。正是这种结构性分化，导致市场不会盲目认为房价有持续的上涨基础，核心城市的房价上涨对其他城市的带动效应十分有限。2016年10月后各地限购政策频出，初步看，确实对楼市有一定的降温效果，一旦这些核心城市没有进一步上涨的动力，那么，之前对房地产市场的乐观情绪会有所减弱，房地产杠杆也就失去了继续大幅攀升的动力。

第二，经过课题组的调研，在部分房价涨势不猛的区域，当地银行对房地产企业的信贷已经有所收紧，部分地级市的国有银行分行在2016年没有对房地产企业新增授信，如前节所述，我国房地产开发企业的资金主要来源于银行体系，如果银行对其信贷收紧，相当于收紧了房地产开发企业的资金来源，房地产行业杠杆率也就失去了持续上涨的基础。

基于前节所述，我国房地产需求端的居民杠杆并不算高，债务问题可能更多地体现在供给端的房地产开发商方面，由于本书的研究重点是债务拐点问题，因此，会着重关注房地产企业方面，对居民端的杠杆问题暂不做深入研究。

**2. 房地产行业债务发展趋势**

房地产作为典型的需求驱动型行业，现已步入需求的长周期拐点，一方面，受到经济增速下行、城镇化进程放缓的负面影响（见图6-3），另一方面，婴儿潮（1983~1990年）人口婚育高峰已过，导致刚性需求逐渐减弱。在两方面因素的综合作用下，房地产行业的投资增速下滑，且供需关系不断恶化。

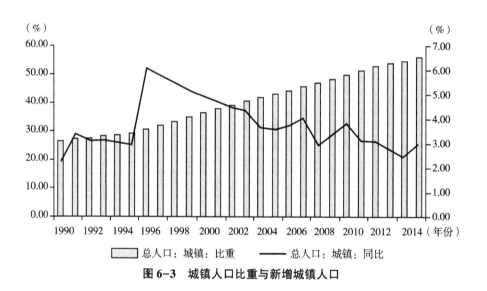

**图6-3　城镇人口比重与新增城镇人口**

房地产周期既有长周期，也有短周期。长期主要受人口和城镇化因素的影响，短期受到金融政策和资金流动的影响。课题组主要从宏观层面着手，从长周期视角，探讨房地产的演变与未来发展。房地产周期在很大程度上也是人口周期的一部分，主要逻辑是：人口周期和城乡人口转移提升经济潜在增长率，居民可支配收入增长、消费升级，推动住房的首次置业、改善置业需求均有提升。置业人群的总体增加直接导致购房需求和投资高增长、高储蓄率和不断扩大的外汇占款，流动性过剩，推升房地产资产价格。

通常认为，在房地产回暖周期中，房价的快速抬升将吸引资金配置涌入房地产市场，进一步推升房价，促进泡沫的形成。反之，在房地产衰退周期中，房地产价格下跌引发投资性资金加速出逃，流入其他大类资产，供需格局继续恶化，推动房地产价格进一步下跌。

前文提到，房地产行业由于其经营方式的特殊性，将预收账款纳入到负债中来是不够合适的计算杠杆率的方法。然而，即使从负债和资产中剔除预收账款，我们仍可以观察到房地产行业的杠杆率在不断攀升。预收账款的调整只是对房地产行业杠杆率的绝对值有所改变。

伴随着人口红利的消失和经济增速的换挡，房地产行业将从高速增长阶段下降到平稳状态，从数量扩张转变为质量提升阶段，从总量扩张过渡到"总量放缓、区域结构分化"的新阶段。

近年来，有关一线城市和部分二线城市房地产泡沫的观点不绝于耳。城市间的分化愈演愈烈，三四线城市库存堆积，甚至形成无人居住的片区"鬼城"，北上广等一线城市由于持续的净人口流入和难以覆盖常住人口的土地供给，新开楼盘则炙手可热。但是，不同等级城市间房地产市场会互相影响，三四线城市一旦出现供给严重过剩、房价崩溃的现象，一二线城市也无法幸免于难，继而影响到银行等金融系统的稳定，造成社会动荡。未来一段时间内，房地产市场仍将以去库存为主，房地产市场能否健康发展、未来发展方向如何，与行业去库存的成果息息相关。

虽然在降息降准、降低首付比例等系列政策的刺激下，2016 年 2 月的房地产市场运行数据大幅超出预期，但是，考虑到行业大周期、人口拐点以及整体高企的库存量，房地产行业仍然存在销售情况不及预期的风险以及政策变动引发价格剧烈波动的风险。

相比钢铁、煤炭行业，房地产行业的债务问题分析通常会更加复杂，要同时考虑需求端（购房需求）的居民端负债和供给端（房地产开发、土地购置）房地产相关企业的负债。前者在长期受到整体的人口结构、人口流动影响，会导致地产需求的区域、类型性分化，而在短期，则会受到来自地产调控政策、货币利率政策、资金面松紧等货币性因素的影响。后者的资金杠杆则不断攀升，一旦房价上涨势头低于市场的普遍预期，开发商的资金链紧张便会传导至融资资金的主要来源——银行系统，确实是牵一发而动全身，是更大的债务拐点风险来源。从目前来看，房地产行业赚取暴利的时代已经过去，除部分核心城市外，普通城市人口呈现净流入状态，本地库存高企，房价没有增长动力，但开发商的存量债务依然没有化解，因此从整体上而言，房地产行业已经步入了债务拐点。作为煤炭与钢铁的下游，又是牵动实体经济与虚拟经济领域的关键性行业，课题组预估房地产行业出现债务拐点的时间会略晚于煤炭、钢铁企业，一方面体现了房地产产业链上下游之间的传导性，另一方面体现了房地产业作为影响国民经济的主导产业之一，受政策性影响显著的特殊性。

## 二、房地产上下游行业债务概况

房地产行业关系着国民经济领域的诸多方面，其上下游行业与房地产行情可以说是"一荣俱荣""一损俱损"。据统计，2015 年我国房地产产业链对 GDP 的占比约为 16%~19%，其中，房地产行业占比 6%，建筑及建材行业占比 5%~6%，家电、家具、家装行业占比 4%~5%，房地产金融占比 1%~2%。而 2015 年到 2016 年 10 月调控政策出台期间的一轮房地产行情，可能会将这一比例进一步推升，保守估计，2016 年房地产产业链对 GDP 的占比可能超过20%，其对国家经济的影响不言而喻。基于产业链共性的思路，课题组对房地产债务问题的研究不会局限于房地产行业本身，而是会拓展至房地产行业的上下游领域，通过一个"房地产产业链"的概念，将各类行业结合起来，研究房地产行业的债务现状。

煤炭、钢铁、有色金属、水泥、家具制造与家用电器行业作为房地产行业的上中游行业，在面临巨大产销缺口的情形下，债务负担沉重，行业杠杆率不断攀升，潜在风险不断加剧。在负债负担不断加重的同时，行业的利润却在不断下降。2011 年后，伴随着宏观经济的走弱和需求疲软，这些行业的产能过剩问题开始凸显，产销矛盾不断突出。本节将重点关注这几个行业的债务规模，分析其存在的债务拐点。

### 1. 煤炭行业债务

煤炭行业处于整个国民经济体系的上游，是典型的资源密集型、资金密集型产业，产业链延伸较广。电力、钢铁、建材及化工是煤炭行业较为直接的下游，上述四行业耗煤量占总耗煤量的比例高达 80%。同时，煤炭行业具有较强的周期性，这种强周期性意味着我们在进行行业景气度分析的过程中，一方面要考虑宏观经济的周期性波动，另一方面要对能够影响煤炭景气程度的钢铁、电力、建材、化工、房地产等中下游行业进行分析。

我国煤炭行业的主要产品可分为动力煤、焦煤及无烟煤三大类。动力煤所对应的下游产业主要有电力、建材；焦煤下游主要对应黑色金属冶炼，即钢铁行业；无烟煤下游则主要对应化工行业。建材、钢铁、化工又是房地产行业的上游，因此，煤炭是房地产行业的最上端，房地产行业的景气状况通过产业链的传导作用，决定了煤炭行业的需求、价格走势及盈利水平。

煤炭行业处于房地产产业链最上端，负债拐点出现的时点可能具有后周期性，其回暖与衰退往往由中下游需求带动，并逐步传导至自身。在下游需求出现疲软、景气度下降到煤炭行业盈利状况变差之间，往往会有一定长度的传导时滞，即煤炭行业的周期往往滞后于其下游需求周期。例如，反映房地产行业景气程度的地产销售量领先于水泥、钢铁价格1年左右，而钢铁行业作为煤炭行业的下游、房地产行业产业链的中游，代表其景气程度的钢铁价格指数从历史数据上看，总是领先于焦煤价格1~2个月，如图6-4所示。

**图6-4　煤炭及钢铁价格**

资料来源：Wind资讯。

从行业发展趋势来看，煤炭价格在 2009 年达到峰值后走低，经过了 2010 年的短期修复后，自 2011 年起持续呈下行态势，如图 6-5 所示。在开采技术、综合成本等因素保持稳定的前提下，煤炭价格的下降直接侵蚀了行业利润，导致行业整体性的权益减少，杠杆率提高，风险增加。根据国家发改委经济运行调节局的数据，截至 2015 年 7 月，我国大中型煤炭企业亏损面已达到 70% 以上，企业亏损额达到 484.1 亿元。

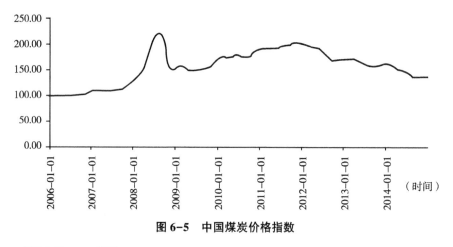

图 6-5　中国煤炭价格指数

资料来源：Wind 资讯。

基于煤炭的资源属性，煤炭的综合开采和运输成本较为稳定，变动较少。因此，其价格变动主要是受下游需求的影响。煤炭行业是典型的高贝塔行业，需求与盈利能力和经济周期高度相关。

最开始提到杠杆率攀升，很多人的第一反应是产能扩张、发展过度膨胀的结果。但是，当我们仔细研究数据的细节后发现，举债扩张已经无法解释煤炭行业近年来杠杆率的显著提升，行业利润已逐渐成为更关键的因素。

2006~2008 年，煤炭行业处于迅速扩张阶段，投资增长率呈逐年上升态势，受 2008 年金融危机的冲击，2009 年后行业投资增速明显放缓直至为负。2011 年后，国家出台系列规定，严格控制煤炭行业非理性规模扩张，通过信贷紧缩等方式限制银行对煤炭企业的资金支持，煤炭行业作为产能过剩行业，其新增投资已经受到了多方面的调控，煤炭作为我国最重要的一次性能源，政策调控力度较大。国家通过产业政策、税收政策来调节目前存在的产能过剩问题。例如，清查违规建设煤矿、遏制超产、限制进口等限产政策，收紧信贷、提高融资门槛等资金约束政策，目的均为限制产能的进一步扩张，控制供给。然而，其行业杠杆率仍旧以较快的速度增长，这主要是因为净利润的迅速下降。自2013年后，煤炭行业净利润由正转负，且在2014年，盈利情况进一步恶化，推动行业杠杆率逼近70%警戒线。我们认为，实际上，煤炭行业资产负债率很可能已经超过了70%的临界点，只是迫于信贷门槛的约束，企业有动机通过财务报表操作压低资产负债率。

2012年后，行业有息负债的增长率已经处于下行通道，2014年更是达到了阶段性低值。行业利润已经越来越无法支持债务的增长。这一方面与存量基数有关，另一方面也受政策控制的影响。由此判断，债务增量已不是导致风险的核心所在，问题的关键在于过去10年产能盲目扩张导致的过高债务存量。我们认为，不论是国家、银行还是企业层面，煤炭行业的负债已经达到峰值，基本不会出现持续攀升的局面，因此，过度强调紧缩对煤炭企业的信贷，严控新项目上线并不是解决问题的最佳切入点。推动煤炭企业产业链深加工，提高产品附加值，增强管理运营效率，恢复盈利能力，才是重中之重。

基于上述分析我们不难发现，2003~2008年是煤炭行业的繁荣期，旺盛需求推动煤炭价格不断攀升，煤炭行业迎来了其盈利向好的黄金五年。金融危机后，煤炭企业在政策的推动下纷纷加高杠杆，扩大产能，2012年宏观经济形势不佳，下游需求萎缩，但已经推高的产能却没有得到有序安排，供大于求的市场格局导致煤炭价格显著下跌，一路走弱，煤炭企业经营堪忧，甚至一些大型煤炭企业的利润也由正转负。煤炭企业的寒冬来临，现金流紧张，新增收入已经无法覆盖债务本息，只能通过续贷、发债迫使存量债务滚动存续，而这种做法导致的直接结果便是：债务越滚越大，融资成本越来越高，企业的财务数据越来越恶化。2016年6月，山西七大煤炭企业集团之一——阳泉煤业集团为维持自己在资本市场中的形象，不得不通过停发工资、削减薪金的方式渡过难关，其他煤炭企业也都在为兑付繁重的债务想尽方法，即使是2016年下半年煤炭价格开始走向上升通道，对于煤炭企业过去积累的庞大债务来讲，也是杯水车薪。从行业定性分析的角度，课题组初步判断，煤炭行业已经迎来了其债务拐点，且债务拐点应当在2011年左右。

### 2. 钢铁行业债务

房地产行业是钢铁行业的下游，下游行业需求与宏观经济的高度正相关性决定了钢铁行业的强周期性。在下游需求占比中，房地产占17%，基础设施建设占23%。在房地产产业链中，钢铁行业作为中游行业呈现出比煤炭行业等上游行业更大的净利润波动，这主要是因为，中游行业作为承上启下的纽带，其利润水平的影响因素更多，也更加复杂，对经济状况、产品价格的敏感度更高。

自2011年起，钢铁行业净利润的增长率由正转负（见图6-6），钢厂中盈利钢厂的占比也在不断波动，呈现季节性特征。与其上游行业煤炭所呈现出的趋势相类似。

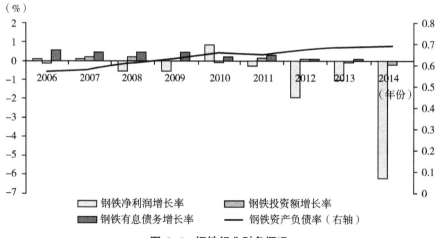

**图6-6　钢铁行业财务概况**

资料来源：Wind资讯。

四万亿经济刺激政策过后，钢铁行业产能过剩问题严重，产能利用率低下。2011年后，虽然在短期利好因素的刺激下，钢铁行业出现过小幅的盈利回暖，但这种暂时的利好被供给的快速释放对冲，毛利率的回升难以持续，出现波动。2011年后，钢铁行业产能利用率已低于全球平均水平（见图6-7），钢价综合指数自2011年后趋势性下滑。

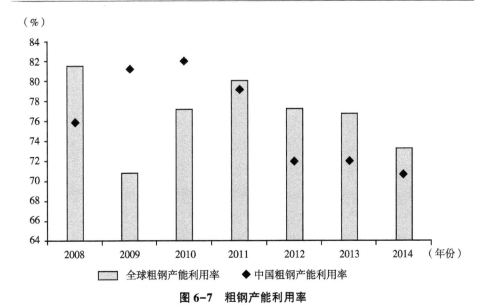

图 6-7 粗钢产能利用率

资料来源：Wind 资讯，国泰君安证券研究。

对于钢铁行业来说，可以说是成也房地产，败也房地产。过去 10 年是钢铁行业的黄金 10 年，即使是在 2009~2010 年这样的后危机时代，面临着全球经济普遍受到金融危机重创、外部需求疲软、行业产能利用率跌至 70.83% 历史低位，我国钢铁行业依然凭借着"四万亿"经济刺激政策，在房地产、基础设施建设的拉动和刺激下实现逆市增长，但 2011 年过剩产能得不到释放，房地产行业的需求增量无法匹配钢铁行业盲目的产能扩张，钢价持续下行探底，钢铁行业整体上供大于求，钢材综合价格指数从 2011~2014 年下滑幅度高达 45%。

2013 年后，固定资产投资、房地产开发投资及基础设施建设投资均进入明显的下行通道。与此同时，2013 年后，房屋施工面积、新开工面积折钢材消耗量也显著下降。下游房地产对钢铁行业的拖累在 2013 年后尤为突出。虽然 2013 年、2014 年钢铁企业的盈利状况有一定程度的逆势好转，但通过分析我们发现，这种盈利的小幅改善并不是由于下游房地产需求的回暖，主要是源于成本端的利好，具体来说，就是得益于铁矿石与煤炭价格的大幅下跌。

目前，钢铁行业短期负债占比不断攀升，或成未来风险点。钢铁行业短期负债占有息负债比例已超过 60%，逼近 70%。企业流动性问题可以说是非常突出，整个行业"借新债还旧债"的现象频现，一旦钢材价格再次受到巨大冲击，企业出现集中违约，后果将不堪设想。

债券领域，短期融资券一直以来就是钢铁行业的主要发行品种，一般用来补充营运资金，解决日常经营的资金短缺问题。银行信贷领域，钢铁行业被列入产能过剩行业之一，国家要求银行对其紧缩信贷，根据课题组的实际调研结果，很多地方性钢铁企业都已经受到了银行方面的融资约束，三年以上的贷款项目可以通过审批的寥寥无几，一至三年的贷款项目也呈现明显的短期化趋势。可以说，钢铁行业短期负债占比的显著攀升，一方面是企业流动性恶化的反映，另一方面也是银行紧缩银根、自我保护的结果。然而，这种自我保护是否会酝酿更大程度的风险，需要有关部门引起足够重视。

与煤炭行业相类似，钢铁行业的债务现状和发展历程与举债扩张产能、宏观经济景气度下降等因素密切相关，钢铁行业作为煤炭行业的直接下游之一，可谓是互相关联、一荣俱荣。因此，钢铁行业出现债务拐点的时间点也与煤炭行业相近，课题组初步判断，钢铁行业出现债务拐点的时间约在 2012 年。

**3. 水泥行业债务**

水泥作为我国重要的资源性基础产品，与宏观经济走势和固定资产投资的相关性很高。与煤炭、钢铁和有色金属相类似，水泥行业也面临着严重的产能过剩，来自下游房地产的需求构成了水泥需求的重要部分。在房地产产业链条中，水泥行业属于中游，由其近年来旺季不旺的销售数据判断，需求呈现持续低迷状态。

煤炭在水泥的制造成本中占比高达 35%，煤炭价格的波动情况是水泥价格与盈利趋势分析的重点。2011 年后，煤炭价格的持续走低对水泥价格的下降起到一定的缓和作用，如图 6-8 所示。2015 年市场普遍认为，煤炭价格仍未见底，至少还有小幅下跌空间，成本端的态势有望对水泥行业的未来盈利形成一定支持。

可以说，在宏观经济以及行业大周期下行的背景下，水泥行业未经历长期亏损，也因受益于上游煤炭价格的持续大幅下跌挤占上游盈利，使得新建生产线仍具备经济可行性，故而在盈利下滑的情况下，水泥行业的新增产能仍然连绵不绝，如图 6-9 所示。

（元/吨）

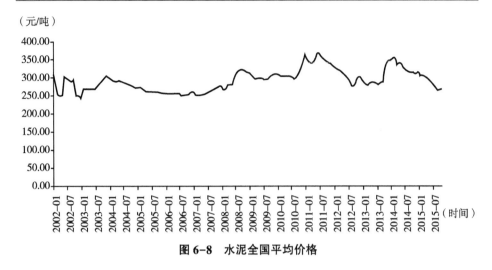

图 6-8 水泥全国平均价格

（%）

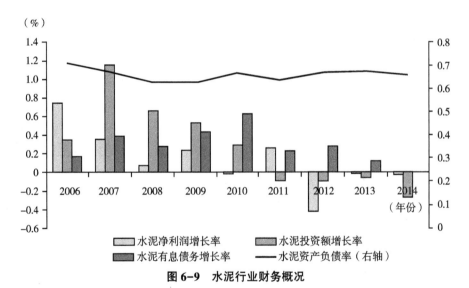

图 6-9 水泥行业财务概况

  从需求层面看，房地产和基础设施建设在水泥消费中的占比高达 70%。综合各方面因素，水泥的需求量仍将继续受到房地产投资下滑的影响，需求增速放缓，总体来看在一段时间内将维持弱平衡格局。与此同时，随着政府对环保生产的要求日益严格，水泥的新增供给将受制于节能政策，引导产品价格维持低位波动。需要指出的是，正如前文所述，水泥行业由于其成本构成状况，或受益于煤价未来的大概率下跌，盈利有微弱的改善空间。

正如前文所述，水泥行业之所以没有步入长期亏损的境地，与其挤占上游煤炭行业的利润密不可分。这种主要依靠成本端维持弱盈利格局的方式存在一定风险，一旦煤炭价格出现意想不到的波动，水泥行业或将面临价格悬崖式下跌、利润萎缩甚至长期低迷的状态。我国人均水泥消费量为 2 吨/人，位居全球首位，大约是所有欧美发达经济体之和的 3 倍之多。可以说，水泥人均消费量已经在某种程度上达到了顶点，未来，如果没有来自基础设施建设或者是房地产等下游需求的重大刺激，需求不会有明显增加。而每年不断新增的产能，无疑会增加一旦需求不振，产能过剩进一步扩大的风险。

在产能过剩行业的严冬，水泥行业因其弱供需平衡格局，并未步入长期亏损的境地，从未来趋势上看，房地产行业对水泥的拉动明显减弱，但是来自供给端和基础设施建设端的利好使得水泥的行业走势不甚明朗。2016 年水泥供给收缩、推动价格上涨，宏观形势下行，实体经济回报堪忧，在央行去杠杆的意图下，资产荒显现。加快以轨道交通、市政建设为主的基础设施建设是诸多省份的首要选择，上述因素都会对水泥行业的供需格局起到一定的改善作用，其产能过剩情况可能面临阶段性缓解。以河南省为例，课题组经过实地调研发现，河南省作为中国内陆省份的代表，其进出口数据可以忽略不计，消费增长平稳，经济主要依靠固定资产投资拉动，在经济下行周期，通过加强基础设施建设，起到对冲实体盈利下滑、提振经济的作用。因此，水泥行业在特殊的经济转型时期，产能仍可能具备释放空间，是否已经达到债务拐点，存在一定的不确定性。

**4. 有色金属行业**

有色金属行业属于上游产能过剩的强周期性行业，在经济发展低迷的情况下，行业景气度通常也持续在低位，其中，电解铝子行业的产能过剩问题尤为严重。2009 年，主要有色金属的价格均出现了断崖式下跌，主要是受国际金融危机冲击、外需疲软的影响。2009 年后半年到 2010 年，有色金属价格显著回暖，主要是因为下游房地产、基础设施建设的拉动，订单数量增加，价格回升。然而，随着宏观经济下行及下游行业的疲软，销售下滑明显，"四万亿"时期过剩的产能难以消化，较低的技术含量和加工工艺导致国内企业在与日本、韩国等传统竞争对手的业务角逐中处于劣势，更是为低迷的需求雪上加霜。

有色金属行业的产能过剩问题由来已久，集中在电解铝、铜等子板块。从

2011 年开始，国内铝表观消费量增长率逐年放缓，但产能扩张却愈演愈烈。截至 2014 年底，国内铝产能已达 4400 万吨，而产量仅为 2368.4 万吨，产能利用率约为 50%，远远低于 90% 的国际产能利用率。尽管 2015 年上半年有 50 万吨/年的电解铝产能关停，但与此同时，仍有 100 多万吨/年新增产能投产，具有能源资源优势的地区产能规模仍在扩大。国内电解铝产量以每年 3.5 万吨的速度在增加，但需求增速却不增反降，带来非常大的价格与销售压力。

　　课题组通过研究发现，行业负债期限结构与其生产成本存在着对应关系。因此，提高生产工艺、产品技术含量和附加值，降低生产的相对成本，可以在一定程度上推动有色金属行业负债结构的优化。

　　这一理论的逻辑较为清晰：生产成本占收入比重高，意味着日常生产经营需要占用更多资金，而短期负债通常是用来弥补日常营运资金的主要手段。根据这个逻辑，生产成本占比较高的行业，意味着生产过程中所需原材料、人工费用等必要成本的金额占比较大，需要更多的短期负债给予支持。以煤炭、钢铁、有色、水泥、造纸五个行业为例，从负债期限结构图中我们得知，煤炭行业的短期负债占比最低，其次是水泥、有色、造纸，短期负债占比最高的是钢铁行业，如图 6-10 所示。综观五行业生产成本占比情况，煤炭的成本占比最低，水泥次之，接下来依次为造纸和有色，钢铁行业的成本占比最高，如图 6-11 所示。由此观之，行业生产成本与负债期限结构间存在着对应关系，即生产成本占收入比重越高的行业，其负债期限结构中，短期负债占比往往更高。

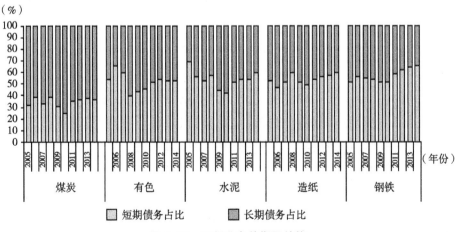

图 6-10　五行业负债期限结构

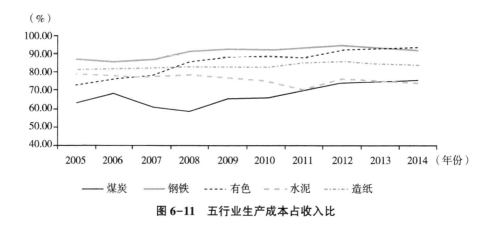

图 6-11　五行业生产成本占收入比

这一理论不仅对有色金属行业的调整和未来发展具有一定的指导意义，对钢铁行业的发展也有一定指导作用。如果钢铁行业能够提升工艺、提高行业集中度、加大特种钢在产品结构中的比重，竞争力会得到加强，通过盈利条件的改善，缓解负债堆积问题。

从发展趋势来看，中国已进入经济发展的新常态，GDP 增速稳步下移，基本金属消费增速放缓，有色金属行业整体性产能过剩问题在短期内仍将存在。由于生产技术水平较低，有色行业中低端产品集中，呈现过剩现象，基本金属产能占比超过 50%。行业产能已经达到了物理性的峰值，也达到了资源环境约束的承载能力峰值。但由于电解铝产能高速扩张期暂时告一段落，铝土矿将面临库存紧缺，"一带一路"和基础设施项目推动轨道交通为铝带来新需求，有色行业的供给端压力逐步减小。需求方面，对于有色金属及新材料行业而言，基本金属需求端已经很难再有较大增速出现。主要是因为，中国作为最大的基本金属需求国（中国对铜、铝、锌的消费占比均超过 40%，远高于欧美消费占比），经济增速和固定资产投资增速已逐步过渡到稳定的较低增速水平。基于以上情况，限制新产能增加，尤其是电解铝等过剩产品的新开工，对内消化既有库存，对外寻求出口机会转移压力，是有色金属行业主要的发展方向。铝业产能正在显现其向全球输出产能的势头，根据中国海关 2015 年 9 月 21 日发布的出口数据，2015 年 1~8 月，铝出口累计 284 万吨，同比增幅高达 30.1%。根据有色金属行业处于上游的特征，对其未来盈利的分析应主要基于供求，主要下游行业需求回暖，有色金属的价格就能重获优势，否则，长期保持低位的可能性很大。目前而言，有色金属行业的去产能效果不够显著，但考虑到"一带一路"对其需求的拉动作用，受益于政策红利，未来或有止跌机会。主要过剩产品"电解铝"的过剩状况也将逐步缓解，在铝价已接近平均现金成本线的背景下，成本将为铝板块提供价格支撑。

国际金融态势将对铝、铜等基本金属价格，黄金等贵金属价格产生影响。美联储加息、石油价格下跌等均会对有色金属价格产生冲击，通过终端消费者对市场的需求，影响行业内公司利润和整体的盈利水平。此外，中国经济已进入新常态，增速放缓是必然趋势，下游需求难有刺激、难以提振以及新能源材料的替代性冲击均增加了行业未来发展的不确定性。

有色金属行业并不属于典型的房地产产业链上下游行业，因此，其债务拐点的判断，对房地产产业链行业情况的参考较少。有色金属行业的产能过剩情况呈内部分化状态，电解铝、铜的行情受限，黄金、白银是能够保值增值的避险资产，因此，有色金属行业整体的债务拐点难以单纯地从偏向定性的行业分析着手。从数据上分析，有色金属行业的企业利润从 2012 年开始显著下滑，多项代表盈利、偿债能力的财务指标亦在 2012、2013 年间弱化，因此课题组初步判断，有色金属行业的债务拐点很可能出现在 2012 年或 2013 年。

**5. 家具制造与家用电器行业**

家具制造业、家用电器行业均处于整个房地产产业链的下游。虽然与煤炭、钢铁、有色金属、水泥等行业同处于以房地产为核心的产业链，但家用电器具有一定的防御性。与其他产能过剩行业不同的是，由于我国的城乡差异会在相当一段时间内存在，这种城乡差别造成的二元化市场结构导致家电行业在城市产能过剩、供大于求，但在广大农村地区，始终保持着较低的家电保有水平。近年来，为了争夺逐渐饱和的城市市场，家电行业掀起一轮轮概念炒作、囤货居奇的不良竞争，行业整体利润增速下滑，更出现了厦华、厦新等一大批亏损企业。

与房地产产业链上的诸如煤炭、钢铁等行业不同，家电行业具有一定的防御性。这是因为人们购置新房与改善性住房，总会自然而然地带来对家具与家用电器的需求，但与此同时，即使没有购置房产的行为，城乡居民仍然会有家具、家用电器更新换代的基本需求。因此，相比较房地产产业链的其他行业而言，家电行业体现出一定的防御性。

得益于原料价格下跌，家电行业盈利能力有所提升。未来一段时间内，这种优势还将保持。有色板块的衰弱带来了铜、铁、铝等原材料价格的降低，钢材价格的显著下行为下游家电行业带来了"成本红利"，据测算，上游原材料价格的降低大约可以为家电行业节约5%的生产成本，成本端优势显现，有助于行业盈利能力的整体提升。

然而，基于成本下降的利润提升并不是行业蓬勃发展的长久之计。即使在盈利的状态下，行业也不能掉以轻心，盲目扩大产能，增加负债。钢铁行业在繁荣时期的负债非理性扩张便是借鉴。伴随着房地产大周期拐点的到来，由房屋购置带来的家具、家电需求必然会有明显削减，如果不能保持合意的负债水平，行业利润在未来一定会受到侵蚀与拖累。

实际上，行业负债即将达到拐点的势头已经有所显现。以家具制造业为例，如图6-12所示，2003年后，代表负债的线条的斜率开始明显高于利润线条的斜率，并且，二者的差距有越来越大的趋势。只不过在2011年后，钢铁、煤炭行业的负债利润弹性急剧下降直至为负，家具制造业由于其防御性特征，变动并没有那么明显。但我们还是可以观察到，行业的负债利润弹性已经处于下行通道（见图6-13），如果不对行业负债水平进行合理控制，恐步煤炭、钢铁之后尘，需要提前进行防范。

（亿元）

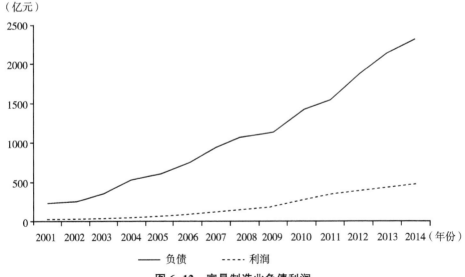

图6-12　家具制造业负债利润

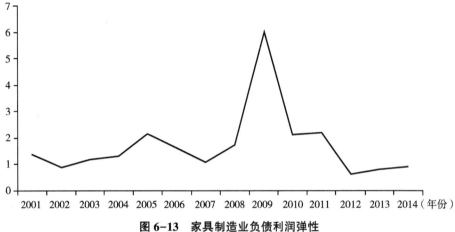

图 6-13　家具制造业负债利润弹性

尽管家具制造、家用电器行业可能存在低价竞争、产品同质化、投资扩张的风险，但无论是从行业还是企业的数据上看，家具制造与家用电器行业还没有显示出明显的债务拐点，可能在国内消费转型升级的转折时段，之前积累的债务弊端会更加明显地显现出来。家具制造与家用电器行业的相关数据不如煤炭、钢铁行业充分，缺乏足够的市场研究和定量分析做参考，对此，在后续的研究中，课题组会保持密切跟踪，并尝试进行压力测试，预估家具制造与家用电器行业的债务拐点。

## 三、房地产上下游行业债务的计量分析

### 1. 计量模型设计

课题计量模型部分的备选变量，分别通过构建备选变量长清单、数据质量分析（长度、缺失度）、数据趋势合理性分析等步骤选择；同时，结合课题组专家的经验判断，最终确定与债务拐点密切相关的建模备选变量库。因变量方面，考虑到对各行业而言，负债不仅对其营业收入产生影响，也会对利润产生影响，因此选择各行业的利润规模作为因变量。自变量主要是各行业的负债规模，同时为使模型更为科学、完善和具有说服力，选取与该行业盈利水平相关的多个宏观及行业因素为外生变量：宏观层面，选择 GDP、全社会工业增加值、全社会固定资产投资完成额；行业层面，选择新增产能、固定资产投资完

成额。

由于我国现存的行业分类体系较多，为避免因行业分类差异导致的结果难以对比，本课题统一以国家统计局公布的行业分类口径作为研究的行业分类标准，模型中涉及的基础数据均来自国家统计局公布的年度数据，时间区间为2000~2015年。

在模型研究开发过程中，分别选取各行业的利润规模[①]为因变量，选取各行业的债务规模为自变量，具体模型表达式如下：

$$Y_t = \alpha + \beta_{1t}X_{1t}^2 + \sum_{i=1}^{4}\beta_{it}X_{it} + \varepsilon_t \qquad \text{（方程 1）}$$

其中，$Y_t$ 是不同行业的利润规模；$\alpha$ 是多元线性回归模型的常数项；$\beta_{1t}$ 是各行业债务效应的回归参数，如果为负数，则表示此行业存在负债规模效应的拐点；$X_{1t}$ 是各行业的负债规模；$\varepsilon$ 是随机项。

**2. 各行业债务拐点测算**

（1）煤炭行业债务拐点测算。

根据煤炭行业的数据，分别采用了一次函数、二次函数的回归方法，进行煤炭行业负债与利润的回归分析，结果如表 6-1 所示。结果显示，二次函数（方程 3）的拟合优度（R 方值）为 0.893，明显好于一次函数（方程 2）的拟合优度 0.285。同时，根据方程 3 的回归结果可以看出，其一次项系数为正，二次项系数为负，证明存在拐点。经测算，煤炭行业达到拐点时的负债规模约为 2.14 万亿元，这一规模低于 2011 年的煤炭行业负债数额（2.26 万亿元），高于 2010 年的负债规模，由此可以估计，煤炭行业的负债拐点出现于 2011 年。

$$MTLR_t = 548.964 + 0.065 \times MT_{1t} + \varepsilon_t \qquad \text{（方程 2）}$$

$$MTLR_t = -1484.289 - 1.115 \times 10^{-5} \times MT_{1t}^2 + 0.477 \times MT_{1t} + \varepsilon_t \qquad \text{（方程 3）}$$

其中，MTLR 为煤炭行业的利润规模；MT 为煤炭行业的负债规模。

---

① 课题在变量结构的选择上，分别采用了行业负债的同比、环比和绝对值作为备选指标结构。通过敏感性分析，最后选择绝对值类型指标。

**表6-1 煤炭行业债务拐点分析**

| 模型 | | 非标准化系数 | | 标准系数 | t | Sig. |
|---|---|---|---|---|---|---|
| | | B | 标准误差 | 试用版 | | |
| | （常量） | −1484.289 | 315.461 | | −4.330 | 0.001 |
| | MT | 0.47649058 | 0.052333085 | 3.283 | 8.529 | 0.000 |
| | MT$^2$ | −1.11453E−05 | 1.47736E−06 | −2.625 | −6.818 | 0.000 |
| 拟合优度（R方值） | | 0.8934455 | | | | |

也就是说，2011年之前债务增长对盈利增长有正向拉动作用，债务水平在整体上是合适的，在能够保障企业正常生产运营的同时，为企业必要的创新研发、投资扩产提供资金支持。而2011年后，债务的增长不再对盈利提升产生正面作用，债务增速高于收入增速，高负债在降低企业资本配置效率的同时，形成潜在的破产风险。

2011年恰恰是煤炭价格断崖式下跌并由此进入下降通道的一年（见图6-14），煤炭企业的盈利能力在2011年后显著削弱，在国家调控和信贷自主紧缩的背

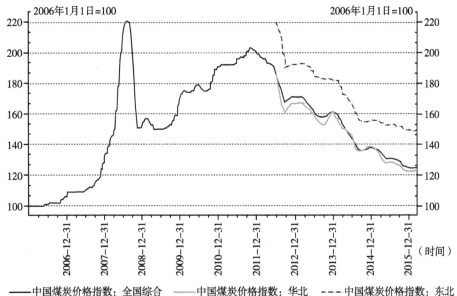

**图6-14 煤炭价格变化情况**

资料来源：Wind资讯。

景下，行业负债合计同比增速在 2011 年后基本保持稳定，但主营业务收入同比增速、利润总额累计同比和销售利润率均出现了下降，如图 6-15 所示。

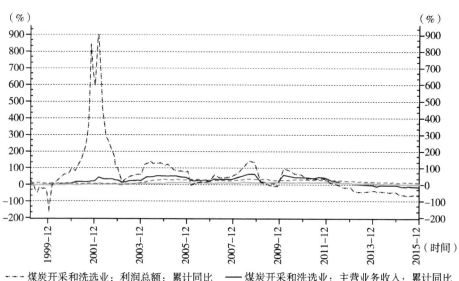

图 6-15  煤炭开采和洗选业经营状况

资料来源：Wind 资讯。

2014 年煤炭行业的负债水平已高达 3.46 万亿元，远远高于通过模型测算的拐点值 2.22 万亿元，说明煤炭行业的负债存量已经步入较为危险的境地，未来去杠杆空间较大，约为 1.24 万亿元，相当于 2008 年整年的负债水平（1.15 万亿元），去杠杆任务之艰巨，由此可知。

（2）钢铁行业债务拐点测算。

与煤炭行业的分析方法和思路类似，根据钢铁行业的数据，进行钢铁行业负债（以 GT 标识）与利润的二次函数模型回归分析，结果如表 6-2 所示。结果显示（方程 4），钢铁行业负债一次项的系数为正，二次项（即 $GT^2$）系数为负，且拟合优度达到 0.805 以上。这表明，钢铁行业也存在负债效应的拐点。经测算，钢铁行业达到拐点时的负债规模为 3.60 万亿元，这一数值与 2011 年末 3.88 万亿元的规模较为接近，由此可以估计，钢铁行业的负债拐点出现于 2012 年左右。

$$GTLR_t = -715.1616 - 2.774 \times 10^{-6} \times GT_{1t}^2 + 0.1998 \times GT_{1t} + \varepsilon_t \qquad （方程4）$$

其中，GTLR 为钢铁行业的利润规模；GT 为钢铁行业的负债规模。

表 6-2 钢铁行业债务拐点分析

| 模型 | | 非标准化系数 | | 标准系数 | t | Sig. |
|---|---|---|---|---|---|---|
| | | B | 标准误差 | 试用版 | | |
| 2 | （常量） | −715.162 | 399.370 | | −1.791 | 0.097 |
| | GT | 0.199800547 | 0.039 | 3.064 | 5.082 | 0.000 |
| | GT$^2$ | −2.77406E−06 | 0.000 | −2.354 | −3.904 | 0.002 |
| 拟合优度（R 方值） | 0.805163 | | | | | |

受宏观经济冲击，钢铁产品价格在 2011 年后也经历了与煤炭相似的显著下跌，Myspic 综合钢价指数 2012 年的数值比 2011 年降低了 16%，如图 6-16

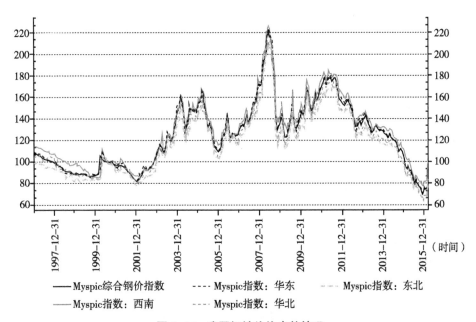

图 6-16 我国钢铁价格走势情况

资料来源：Wind 资讯。

所示。亏损企业数量也在 2012 年有井喷式增加，如图 6-17 所示。说明在四万亿政策的强烈刺激下，很多经营效率低下、市场竞争力不足的实质上的"僵尸企业"，掩盖在下游房地产与基础设施建设的繁荣下，一旦经济进入下行周期，下游需求不足，这些企业自然难以抵御产品价格的迅速下跌，科学管理的缺失，导致这些企业往往在"繁荣"时期进行盲目扩张，造成了沉重的负债积累，侵蚀本就在不断缩水的利润空间。

—— 黑色金属冶炼及压延加工业：亏损企业单位数：累计值

**图 6-17 钢铁行业亏损企业数量**

资料来源：Wind 资讯。

2014 年钢铁行业的负债水平已高达 4.88 万亿元，高于通过模型测算的拐点值 4.21 万亿元，未来去杠杆程度约为 0.67 万亿元，低于煤炭行业 1.24 万亿元的去杠杆目标，推测与产业链上下游位置关系、产品附加值与利润空间有关。钢铁行业处于煤炭行业下游，产品附加值更高，因此负债的恶化程度相比煤炭较轻。

（3）建材行业债务拐点测算。

根据建材行业的数据，进行建材行业负债（以 JC 标识）与利润的二次函数模型回归分析，结果如表 6-3 所示。结果显示，建材行业负债（以 JC 标识）一次项的系数为正，二次项（即 $JC^2$）的系数为负，且拟合优度达到

0.982。这表明，建材行业也存在负债效应的拐点。经测算，建材行业达到拐点时的负债规模为 2.95 万亿元。截至 2015 年末，我国建材行业负债规模为 2.76 万亿元，低于拐点值，由此可以判断，建材行业尚未达到负债效应拐点。

$$JCLR_t = -1808.3957 - 7.2459 \times 10^{-6} \times JC_{1t}^2 + 0.4281 \times JC_{1t} + \varepsilon_t \qquad （方程5）$$

其中，JCLR 为建材行业的利润规模；JC 为建材行业的负债规模。

表 6-3　建材行业债务拐点分析

| 模型 | | 非标准化系数 | | 标准系数 | t | Sig. |
|---|---|---|---|---|---|---|
| | | B | 标准误差 | 试用版 | | |
| 2 | （常量） | −1808.396 | 248.740 | | −7.270 | 0.000 |
| | JC | 0.42813061 | 0.042 | 2.016 | 10.190 | 0.000 |
| | JC² | −7.24592E-06 | 0.000 | −1.065 | −5.385 | 0.000 |
| 拟合优度（R 方值） | 0.981695 | | | | | |

这主要是因为在建材行业中，虽然有水泥、平板玻璃这类产能过剩的行业，但由于利润一直处于增长阶段，行业在弱平衡格局中不断波动，去产能、去负债的压力略小于钢铁和煤炭。然而，根据回归结果，负债二次项前面系数为负，即说明建材行业负债存在拐点。虽然当前的负债量还未达到理论上的拐点值，但其潜在风险不容忽视。

（4）有色金属行业债务拐点测算。

根据有色金属行业的数据，进行有色金属行业负债（以 YS 标识）与利润的二次函数模型回归分析，结果如表 6-4 所示。结果显示，有色金属行业负债一次项的系数为正，二次项（即 YS²）系数为负，且拟合优度达到 0.936。这表明，有色金属行业也存在负债效应的拐点。经测算，有色金属行业达到拐点时的负债规模为 1.99 万亿元。这一数值高于 2012 年末的负债 1.97 万亿元，由此可以估计，有色金属行业的负债拐点出现于 2013 年左右。

$$YSLR_t = -623.0313 - 7.8709 \times 10^{-6} \times YS_{1t}^2 + 0.3136 \times YS_{1t} + \varepsilon_t \qquad （方程6）$$

其中，YSLR 为有色金属行业的利润规模；YS 为有色金属行业的负债规模。

表 6-4  有色金属行业债务拐点分析

| 模型 | | 非标准化系数 | | 标准系数 | t | Sig. |
|---|---|---|---|---|---|---|
| | | B | 标准误差 | 试用版 | | |
| 2 | （常量） | −623.031 | 173.402 | | −3.593 | 0.003 |
| | YS | 0.313568137 | 0.034 | 2.844 | 9.255 | 0.000 |
| | $YS^2$ | −7.87091E−06 | 0.000 | −2.051 | −6.674 | 0.000 |
| 拟合优度（R 方值） | | 0.936577 | | | | |

注意到煤炭行业负债拐点位于 2011 年，钢铁行业负债拐点出现于 2012 年，有色金属行业负债拐点晚于上述两个行业，2013 年才出现拐点。同为资源类产能过剩行业，为何有色金属行业出现负债拐点的时点较晚呢？考虑到初次使用的模型是将有色金属矿采选业、有色金属冶炼及压延加工业合计为有色金属行业进行研究，而有色金属中的重点过剩板块电解铝是在有色金属冶炼及压延加工业中的，因此，我们将两个子行业划分开来，单独对有色金属冶炼及压延加工业的数据进行整理和计量分析，计量结果显示有色金属冶炼及压延加工业的拐点负债值为 1.87 万亿元，低于 2013 年的负债 2.07 万亿元，高于 2012 年负债 1.77 万亿元的水平，由此我们可以判断，2013 年为有色金属冶炼及压延加工业的负债拐点。2014 年有色金属冶炼及压延加工业负债为 2.31 万亿元，降杠杆空间为 0.44 万亿元。

（5）房地产行业债务拐点测算。

根据房地产行业的数据，对房地产行业负债（以 FDC 标识）与利润的二次函数模型进行回归分析，结果如表 6-5 所示。结果显示，房地产行业负债一次项的系数为正，二次项（即 $FDC^2$）系数为负，且拟合优度达到 0.932。这表明，房地产行业存在负债效应的拐点。经测算，房地产行业达到拐点时的负债规模为 31.46 万亿元，接近于 2013 年的负债 32.32 万亿元，这说明房地产行业的拐点最可能出现于 2013 年，晚于其上游的钢铁（2012 年）、煤炭行业（2011 年）。

$$FDCLR_t = -1219.5128 - 8.6883 \times 10^{-16} \times FDC_{1t}^2 + 5.4658 \times 10^{-6} \times FDC_{1t} + \varepsilon_t$$

（方程 7）

其中，FDCLR 为房地产行业的利润规模；FDC 为房地产行业的负债规模。

表6-5 房地产行业债务拐点分析

| 模型 | | 非标准化系数 | | 标准系数 | t | Sig. |
|---|---|---|---|---|---|---|
| | | B | 标准误差 | 试用版 | | |
| 2 | （常量） | −1219.513 | 433.628 | | −2.812 | 0.015 |
| | FDC | 5.46583E−06 | 0.000 | 2.520 | 8.894 | 0.000 |
| | FDC$^2$ | −8.68832E−16 | 0.000 | −1.703 | −6.011 | 0.000 |
| 拟合优度（R方值） | | 0.931647 | | | | |

经过对相关数据资料的分析，课题组认为造成煤炭、钢铁与房地产行业负债拐点时间差的原因主要有两个方面：一方面，该时间差与产业链位置有关，房地产行业处于下游，产品价格相对于其上游原材料而言，附加值更大，价格更高，利润空间更大，主营业务对存量负债的覆盖程度更高。

另一方面，2012年政府出台的房地产调控政策旨在刺激有效供给，对于需求方面只是提出保障合理需求。具体来说，就是加快普通商品住房建设，扩大有效供给。因此从图6-18中我们可以很容易看出，2010～2012年，商品房的平均销售价格始终处于明显上升通道，然而2013年、2014年的价格增幅显

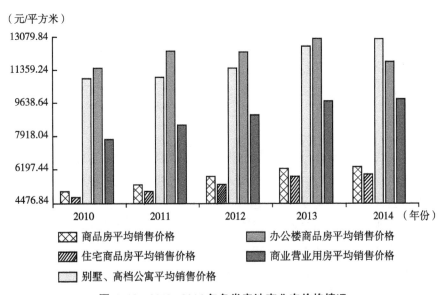

图6-18 2010～2014年各类房地产业态价格情况

资料来源：国家统计局。

著缩窄；除别墅、高档公寓外，办公楼、普通商品房的平均销售价格均在2013年后出现下滑。

综上所述，房地产行业已出现负债拐点，拐点时间为2013年，拐点负债量为31.82万亿元。房地产行业2014年负债为38.40万亿元，高于模型测算的负债拐点量31.82万亿元，未来降杠杆幅度为6.58万亿元。

**3. 计量分析总结**

课题组将煤炭行业、钢铁行业、建材行业、有色金属行业、有色金属冶炼及压延加工业、房地产业2011~2014年的债务真实值，以及我们在前文中计算出来的债务拐点放在一起比较，如表6-6所示。

表6-6 去产能去杠杆重点行业债务拐点预测

单位：万亿元

| | 煤炭 | 钢铁 | 建材 | 有色金属 | 有色金属冶炼及压延加工业 | 房地产 |
|---|---|---|---|---|---|---|
| 2011年 | 2.26 | 3.89 | 1.71 | 1.64 | 1.48 | 21.44 |
| 2012年 | 2.72 | 4.36 | 2.06 | 1.97 | 1.77 | 26.46 |
| 2013年 | 3.18 | 4.89 | 2.42 | 2.31 | 2.07 | 32.32 |
| 2014年 | 3.46 | 4.88 | 2.67 | 2.58 | 2.31 | 38.40 |
| 按2014年价格计算拐点 | 2.22 | 4.21 | 3.27 | 2.06 | 1.87 | 31.82 |
| 去杠杆的规模 | 1.24 | 0.67 | | 0.52 | 0.44 | 6.58 |
| 达到拐点时间 | 2011年 | 2012年 | 未到 | 2013年 | 2013年 | 2013年 |

通过比较我们不难发现，不同行业的负债拐点和去杠杆规模有较大区别，去杠杆规模的大小和去杠杆幅度的高低反映出后续该行业去杠杆、去产能工作的难度，去杠杆规模越大，幅度越深，其工作的难度也越大。

煤炭行业，达到拐点的时间是2011年，按2014年价格计算，去杠杆的规模为1.24万亿元，较2014年末规模占比为36.13%。

钢铁行业，达到拐点的时间是2012年，按2014年价格计算，去杠杆的规模为0.67万亿元，较2014年末规模占比为13.73%。

建材行业，根据截至2014年的数据计算，尚未达到拐点，但如果按照

2014 年末建材行业负债规模的增长率，假设行业运营环境保持 2014 年末不变的情况下，2016 年末负债规模预计将为 3.02 万亿元，接近拐点规模。

有色金属行业达到拐点的时间是 2013 年，按 2014 年价格计算，去杠杆的规模为 0.52 万亿元，较 2014 年末规模占比为 20.16%，其中，有色金属冶炼及压延加工业的去杠杆规模为 0.44 万亿元，较 2014 年末规模占比为 18.61%。

房地产业达到拐点的时间是 2013 年，按 2014 年价格计算，去杠杆的规模为 6.58 万亿元，较 2014 年末规模占比为 17.14%。

因此，综合来看，上述行业去杠杆规模最大的是房地产业，去杠杆幅度最大的为煤炭行业。这个结论与实际情况是相吻合的。在整个房地产产业链中，房地产业的绝对债务规模是最大的，甚至高于其他四个行业的加总，因此，去杠杆规模最大的也是房地产业便是顺理成章的结论。而去杠杆幅度最大的行业，通常而言，也一般是债务压力最大、债务问题最严重、债务拐点出现相对较早的行业，根据前文关于房地产产业链债务拐点传递机制的分析，煤炭行业作为房地产产业链的上游，是最先出现债务拐点的，也是抗风险能力相对较弱的，其债务压力问题相对更大，偿债能力所面临的风险更多。

## 四、房地产上下游行业债务拐点传递分析

### 1. 房地产上下游主要行业债务规模

从 2000～2014 年各行业的债务规模情况看，房地产、煤炭、钢铁、建材与有色金属五个行业的债务规模均呈上涨趋势，2014 年的债务规模分别比 2008 年上涨了 266.75%、201.59%、104.67%、148.98%、179.54%，如表 6-7 所示。

表 6-7　五行业债务绝对规模

单位：亿元

| 年份 | 房地产 | 煤炭 | 钢铁 | 建材 | 有色金属 |
|---|---|---|---|---|---|
| 2000 | 19040.61 | 2527.16 | 5157.05 | 4392.61 | 2212.71 |
| 2001 | 21425.11 | 2711.09 | 5132.32 | 4329.2 | 2376.52 |
| 2002 | 24749.3 | 2742.24 | 5501.32 | 4568.53 | 2507.51 |

续表

| 年份 | 房地产 | 煤炭 | 钢铁 | 建材 | 有色金属 |
|---|---|---|---|---|---|
| 2003 | 30688.76 | 3036.56 | 7225.06 | 5021.08 | 2990.19 |
| 2004 | 45785.79 | 4281.81 | 9818.05 | 6058.84 | 3916.81 |
| 2005 | 52520.73 | 5332.54 | 11991.24 | 6594.92 | 4646.32 |
| 2006 | 65477.54 | 6714.02 | 14829.64 | 7285.49 | 6032.15 |
| 2007 | 82642.18 | 8477.42 | 18697.14 | 8421.76 | 7532.59 |
| 2008 | 104714.7 | 11483.1 | 23832.47 | 10707.91 | 9215.13 |
| 2009 | 125085.4 | 14051.16 | 27804.37 | 12125.28 | 11015.85 |
| 2010 | 167228 | 17418.53 | 33199.55 | 14770.19 | 13807.54 |
| 2011 | 214407 | 22557.63 | 38851.78 | 17111.74 | 16440.61 |
| 2012 | 264597.7 | 27205.07 | 43578.52 | 20642.11 | 19688.73 |
| 2013 | 323166.3 | 31775.22 | 48895.57 | 24246.79 | 23103.87 |
| 2014 | 384037.4 | 34631.81 | 48777.71 | 26661.03 | 25759.91 |

很明显，统计期内（2000~2014年），房地产产业链核心行业的债务规模处于明显的上升通道，房地产行业作为产业链核心，其债务规模也显著高于其他四个行业，但从趋势上看，是比较一致的。表6-8列出了五个行业2001~2014年的债务规模增速。五个行业债务规模增速最快的时点基本都分布在2004年，即房地产市场和钢铁、煤炭等行业的繁荣初期。至2014年，五个行业的债务增速已经降至较低的水平，其中，钢铁行业的债务增速甚至为负。2001~2014年，房地产、煤炭、钢铁、建材、有色金属行业债务的年均增速分别是24.2%、21%、17.9%、14%、19.4%。房地产不仅是债务绝对规模最大的行业，同时也是债务增速最高的行业。钢铁、煤炭和有色金属的债务年均增速基本处在同一区间，建材行业的债务增速明显低于其他四个行业，这也与我们在房地产产业链核心行业分析中所提到的，以水泥、玻璃为代表的建材行业的供给是弱平衡格局，可能尚未达到行业债务拐点相符合。

表 6-8 五行业债务规模增速

单位:%

| 年份 | 房地产 | 煤炭 | 钢铁 | 建材 | 有色金属 |
|------|--------|------|------|------|----------|
| 2001 | 12.5 | 7.3 | -0.5 | -1.4 | 7.4 |
| 2002 | 15.5 | 1.1 | 7.2 | 5.5 | 5.5 |
| 2003 | 24.0 | 10.7 | 31.3 | 9.9 | 19.2 |
| 2004 | 49.2 | 41.0 | 35.9 | 20.7 | 31.0 |
| 2005 | 14.7 | 24.5 | 22.1 | 8.8 | 18.6 |
| 2006 | 24.7 | 25.9 | 23.7 | 10.5 | 29.7 |
| 2007 | 26.2 | 26.3 | 26.1 | 15.6 | 24.9 |
| 2008 | 26.7 | 35.8 | 27.5 | 27.1 | 22.3 |
| 2009 | 19.5 | 22.4 | 16.7 | 13.2 | 19.5 |
| 2010 | 33.7 | 24.0 | 19.4 | 21.8 | 25.3 |
| 2011 | 28.2 | 29.5 | 17.0 | 15.9 | 19.1 |
| 2012 | 23.4 | 20.6 | 12.2 | 20.6 | 19.8 |
| 2013 | 22.1 | 16.8 | 12.2 | 17.5 | 17.3 |
| 2014 | 18.8 | 9.0 | -0.2 | 10.0 | 11.5 |

　　因此,五行业债务已经处于下行通道,未来几年大概仍将保持下降状态。那么,这是否反映了五个行业债务问题的缓解呢? 对此,课题组的答案是否定的,主要归纳了三点理由:第一,五个行业的债务存量高企,受到基数效应的影响,近年和未来短期内的债务增速都不可能太高,基本都是下降状态。第二,从企业的角度讲,企业的债务存量已经很高,很多煤炭、钢铁企业的资产负债率已经超过 80%,考虑到煤炭、钢铁、有色金属等行业的资产以厂房、生产设备等固定资产为主,流动性很差,资产基本是没有变现能力的,实际上,这些企业的实际债务负担更加沉重。经济下行周期,这些周期性行业的产能过剩问题突出,下游需求疲弱,基本没有很多需要融资的新项目,为避免企业资不抵债,不过多增加新的融资,以偿还已经非常沉重的存量债务负担为主,是企业较为明智的选择。第三,从银行的角度考虑,各家银行总行响应国家去产能、去杠杆的号召,近年缩紧了对产能过剩行业的信贷,各分行、支行需要遵循总行的指示,对煤炭、钢铁、有色金属、房地产(主要为三四线城

市紧缩对房地产的信贷）等行业的授信缩紧，且未来也不会有明显的增加和反弹，那么，从这个角度而言，即使这五个行业的企业想要扩大融资，银行也不会给予其条件和便利。从某种程度上说，这不但不是企业债务的利好，反而是种利空因素。因为间接融资授信紧缩、直接融资渠道资质不受认可、财务费用很高，使得企业的再融资变得困难，存量债务无法续量，更容易成为压死骆驼的最后一根稻草，促使产能过剩行业出现偿债危机。上述三个因素导致房地产产业链上存在债务问题的几大核心行业债务增速虽然放缓，但债务危机仍未缓解，甚至从某种角度看，是其融资环境有所恶化、潜在偿债危机增加的信号。

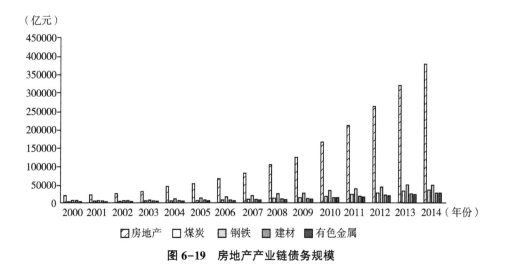

图6-19　房地产产业链债务规模

### 2. 房地产上下游行业债务拐点传导效应

通常我们分析一个产业链上下游的企业时，往往不仅分析它们自身，还会关注它们之间的传导性。一般来说，当发生经济危机的时候，经济的衰退是由下游消费性行业传导至上游原材料、资源性行业的，而经济的繁荣，也是从下游传导至中游再到上游的，周期循环的衰退和复苏，都是从最下游端开始传导的，那么，如果从债务的角度考虑，是否在房地产产业链各行业间也存在传导效应呢？

对现有行业数据进行分析发现，以房地产行业为下游端的产业链呈现出行业债务边际效用拐点的传递效应。即房地产及其上游行业出现债务拐点的时间先后不同，但又呈现出一定的规律性，在一定程度上反映了产业链因素的影响。根据前文对各行业的债务拐点时点的总结（见表6-6），除建材行业还未达到拐点外，煤炭、钢铁、有色金属、有色金属冶炼及压延加工业、房地产业的债务拐点分别出现在2011年、2012年、2013年、2013年、2013年，是由上游行业传导至下游行业的，与经济周期的传导是相反的。

房地产产业链的债务拐点传导机制存在一定的规律，从房地产产业链的上游端煤炭，传导至中游的钢铁，最后再传导至下游的房地产行业。此处读者可能会有疑惑，为什么经济大周期在产业链中的传导顺序是由下游传导至上游，而债务拐点的传导顺序却恰恰相反呢？课题组认为，这要从债务的本质出发来分析。

对于经济周期来说，下游行业之所以是传导链条的开端，主要是因为下游消费类行业可以说是处于经济的"神经末梢"，其对经济波动的触觉是最灵敏的。因此，经济周期传导机制的逻辑和债务传导的逻辑在本质上是存在区别的。根据企业债务的定义，对于具体的企业来讲，债务的来源主要有如下三大类：第一，战略性发展需要而筹措的长期债务；第二，短期资金不足而借入的短期借款；第三，日常经营活动产生的应付项目。在繁荣期，债务的扩张主要是因为第一类原因，因为行业状况较好、项目较多而筹措长期资金；在衰退期，第二类债务往往占有较大的比重，因为行业衰退、企业经营情况堪忧，偿债能力显著削弱，需要融入更多的短期资金缓解流动性风险；在普通的稳定期，第一类、第二类债务的比重有所下降，第三类债务的比重有所提高。因此，企业债务与其所处行业的景气度相关度较高，虽然个别企业的融资决策会受到公司治理、战略规划等方方面面的影响，但是从一个行业整体的角度来看，某个行业的债务扩张一般出现在繁荣初始期，因为企业预期未来行业会有光明的前景和旺盛的需求，因此纷纷扩大投资、增加产能，以满足可能日益增加的需求。而某个行业债务的显著短期化一般出现在行业萧条的衰退期。企业偿债压力加重，银行授信紧缩，长期贷款的批准更加艰难。

对房地产产业链中的核心行业进行具体分析之后可以发现，上游行业对于经济波动的敏感度比下游行业要低，具体来说，煤炭对经济景气度的敏感度低于其下游的钢铁、煤炭，因此，在经济衰退的时候，煤炭的产能扩张和债务扩张往往不能够得到及时收缩，而下游行业对经济的触觉更为灵敏，根据经济情况审时度势、控制产能的能力也更为强大。此外，上游产业多为资源型行业，相比下游行业而言，产品种类较少，附加值较低，对危机的抵御能力较弱，债务问题也会更加突出。因此，上游行业债务拐点也会比下游行业出现的相对更早。至于有色金属行业、有色金属冶炼及压延加工业的债务拐点为什么和下游的房地产相同，均为 2013 年，课题组认为有两方面原因：一方面，模型所测算的拐点时间是以年份为单位的，可能体现不出上下游行业债务拐点在年内的区别；另一方面，有色金属行业相比煤炭、钢铁，与房地产的相关度较低，这一点在前文的行业分析中已经有所提及，因此，其传导效应会相对弱于煤炭、钢铁、房地产行业。

# 五、总结与建议

房地产产业链对 GDP 的贡献可达到 20% 左右，可以说，房地产产业链能够健康发展，对整个国民经济都有着重要的影响。因此，课题组在分析了具体行业的债务拐点、未来去杠杆空间后，对房地产产业链与经济增长的关系进行深入分析。从目前的数据来看，房地产产业链作为整体，已经出现了债务拐点，虽然个别行业（例如建材）从数据上看还没有出现拐点，但是从我们的日常感受上来讲，这些行业也存在不同程度的债务问题，只是还没有显现拐点效应，也应当纳入未来重点监管、调控的目标，防患于未然。根据本章的分析，未来的工作应当在如下几个方面加以调整：

**1. 合理推进房地产市场供给侧改革**

为解决实体经济债务负担问题，供给侧改革应运而生。从供给端出发，用改革的办法推进结构调整，矫正要素配置扭曲，在收缩甚至去除低效供给的同时，合理扩大有效供给，满足需求。从市场供需理论来讲，供给侧改革的说法是有章可循的，并且也有国家进行过相关尝试。日本在 1978 年公布《特安法》，标志着钢铁工业被认定为萧条行业，通过采取提高准入标准、落后设备报废补贴等方式压缩供给，钢铁行业从高速扩张进入衰退期，产量基本维持稳定，价格条件也逐渐好转。我国在推行供给侧改革后，煤炭价格出现了明显上升，目前来看，取得了阶段性成效。虽然单单是供给侧改革并不能从根本上缓解煤炭行业下行的趋势，但是对于改善行业供需格局，引导企业理性生产还是较有裨益的。

那么，对于房地产领域，课题组认为，同样可以借鉴煤炭行业的去产能、去杠杆措施，推行房地产版的供给侧改革，只不过与煤炭等实体领域不同的是，鉴于房地产的特殊性及其对民生稳定的重要意义，房地产行业的供给侧改革更注重结构性的调整，而不仅仅是数量的收缩，甚至可以说恰恰相反，是扩大供给而非缩小供给。

资本逐利性的本质是无法避免的，因此引导资本流入实体经济领域，撤出那些已经债务高企、危机潜伏的行业，是上佳之策。前文中已经论证，房地产行业的债务问题主要体现在以地产开发商为代表的供给端，并非居民需求端。通常而言，当房地产市场过热、房价处于快速升温通道时，地产开发商就会纷纷扩张，银行也愿意贷款给房地产商，二者共同作用，必然会推升地产行业负债。因此，解决房地产债务问题的关键，就在于控制房价，不能令其在某一个时间段内骤然升温或呈现非理性繁荣。继续沿袭我们在分析房地产负债问题时，分别探讨供给端和需求端的思路，课题组认为，控制房地产市场价格的工具可以分为两大类：第一类，需求端工具；第二类，供给端工具。

**2. 细化房地产市场供给侧改革的具体措施**

需求端工具，顾名思义，就是通过调节房地产市场需求来调节房市，目前主要以行政性手段为主，通常表现为在房市过热之际采取限购、限贷政策。例如，2016年深圳、杭州、郑州、南京等一线、准一线及核心二线城市的房价快速升温，在中央的指导下，各地于2016年9月、10月纷纷开展限购、限贷政策。杭州市自2016年9月19日起实施住房限购，暂停在市区限购范围内向拥有1套及以上住房的非本市户籍居民家庭出售住房。作为2016年房价涨幅"冠军"的深圳，也出台了较为严厉的限制措施。目前来看，这些措施对楼市降温产生了一定效果，但具体的影响程度，还需要2017年的数据公布后进行进一步分析。除行政性限制措施以外，政府相关部门也可以通过窗口指导的方式，要求银行收紧居民购房按揭贷款。通过银行这个资金融通主体，实现对房市的调控。

供给端工具，指通过增加供给来稳定房价。目前而言，增加房地产市场供给的途径主要有四种：增加住房建设用地供应，提高普通商品住房比例，增加保障性住房供给，加快审批环节。我国采取土地国有制度，土地所用权归国家所有，不能用于私人支配。企业部门只能通过土地招、拍、挂流程，获得土地使用权。政府相关部门掌握着土地出让的进度、数量，土地供给相对较多时，房地产企业拿到土地相对容易，拿地成本较低，企业融资负担降低，同时房价也会较低；反之，如果政府有意收紧土地供给，企业需要通过非常激烈的竞争才能够拍到某块土地，地皮价格的抬升不可避免，从而导致了企业债务增多、房价高位增长的局面。因此，增加住房建设用地供应，是从源头上调节房市供给。配合提高普通商品住房比例、增加保障性住房供给、加快审批环节等措施，逐步解决"一房难求""多人抢房"导致的房价攀升和非理性繁荣。需要指出的是，增加房地产市场供给，尤其是增加保障房供给，与国家现行的"打虎拍蝇""反腐倡廉"行动密切相关。实际上，国家早已认识到增加保障性住房对于稳定房地产市场的重要作用，各地也纷纷投入人力、物力开展保障房建设。但是，由于保障房的价格受到一定的行政指导，相比同等条件的商品房而言价格较低，利润受限，参与保障房建设的开发商认为无利可图，参与意愿较低，导致保障房业务多数由政府下属的融资平台或者国有单位运营。社会单位和经营性主体在保障房建设方面的角色缺失，会加重保障房建设、分配等方面的寻租行为，更容易滋生腐败。很多官员利用职务之便，为自己和亲朋好友谋取保障房福利，但真正对保障房有需求的普通民众却被拒之门外，一房难求。因此，保障房的供应问题，与反腐倡廉的进度、程度、效果相关联。政治的清明，最终会传导至资源配置的高效。

对于房地产市场调控而言，需求端工具和供给端工具同样重要。需求端工具，国家现在正在做，也取得了一定效果，遏制了 2016 年一线城市、部分二线城市房价的过快涨幅。但是，需求端工具毕竟带有较多的行政指令色彩，并且通过户口限购等政策来抑制需求，从长期来看，不利于我国户籍制度的改革和城乡一体化、区域经济一体化的建设。因此，从这个方面看，供给端工具的使用就变得尤为重要。重庆楼市的不温不火，很大程度上归结于相对丰富的土地供给和保障房资源。因此，我国的房地产市场调控，可以注重从供给端着手，合理增加土地供应，防止大批"地王"出现；同时加强基础设施建设，扩大保障房供给；整顿内部审核机制，加快审批流程，舍去一些繁琐的步骤，让好的项目能够尽快在市场上实施。如果房价能够在可预见的时间内运行平稳,那么投机性资本流入自然会大大减少,一方面抑制了房价炒作式上涨,形成良性循环,另一方面迫使房地产商降低杠杆,调整债务结构。

**3. 一、二、三、四线城市的房地产供给侧改革**

任何政策都要避免"一刀切""一风吹",具体问题要具体分析,政策实施的因地制宜是科学决策的核心所在。课题组认为,我国区域经济分化严重,人口密度分布不均,资源和人口向沿海省份、核心城市转移,三四线城市人口往往呈现净流出状态,不具备支持房地产价格保持平稳的基础。因此,房地产的供给侧改革一定要因地制宜,对一、二、三线城市有不同的侧重点,采取不同的政策,针对各类城市的问题,提出相应的解决方案。

对于一线城市,住房市场的需求较为旺盛,并且,这种旺盛的态势将会在很长一段时间内保持,不会消退,并且,由于户籍、限购等措施,实际上导致很多刚性需求被抑制,总体上一线城市的真实需求远远大于供给。需求方面,一线城市的限购、限贷政策已经较为严格,需求端的调控空间已经很有限了,因此,从供给方面着手,适度增加一线城市的土地供给,打击寻租腐败行为,提高保障房供应的有效性是更为有效的举措。有人可能会说,一线城市已经人满为患,而土地供应是有限的,再多的土地也满足不了不断涌入的新增人口。对此,课题组认为,首先,北京等城市控制人口规模、城市规模的意图已经非常明确,因此,未来一段时间内,一线城市的人口增速应该会逐步放缓,至少不会有爆炸性的增长。其次,一线城市拥有最丰富的政治、经济、人才资源,交通网络只会日益密集和便利,不会出现普通城市中所存在的住在郊区到市区上班驾车 2 小时的情况。一线城市依靠四通八达的地铁、公交、城市轻轨系统,将城市区域延伸至郊区、周边城市,设置卫星城来分散人口压力,是有效途径,也是长期必然趋势。如果这么考虑的话,土地供给的空间还是很大的,毕竟郊区、周边卫星城市还有很多没有开发整理过的土地可供选择。

对于三四线城市来说,人口近年呈现净流出状态,对房地产的需求是减弱的,但是,由于经济刺激时代和房地产火爆时期的盲目扩张,很多三四线城市房产库存高企难以消化,甚至出现了不少"鬼城"。那么,针对三四线城市的问题,由于发达城市可以提供更多的就业机会和教育资源,短期内,人口向一二线城市转移的趋势难以改变,也就是说,三四线城市在短期内对房地产的需求难以改善,因而,收缩供给就显得尤为重要。这类城市的房地产问题,与过剩产能行业相类似，供给的调整，可以改善市场上的供需格局，从而改善价格，提高布局于三四线城市的房地产开发商或者具体房地产项目的盈利能力，改善房地产行业资产负债状况。

对于二线城市来说，其情况介于一线和三四线城市之间，房地产市场的供给和需求状态都是不太容易把握的。实际情况中，往往是"见机行事"。比如，当一波投机热钱涌入，城市房价面临哄抬之时，推行限购、限贷措施，给楼市降温；当经济增长乏力，对其他城市人口、资源的吸引力下降时，采取松绑政策，为楼市升温，从而达到某种程度的长期平衡。对于二线城市，课题组认为，其对资源的吸纳能力远不如一线城市那么确定，需求状况也明显好于三四线城市，郑州、武汉、南京等城市，基本不存在房屋的库存问题。因此，预判其供需格局确实较为困难。但是，如果总是在事发之后才进行调控，毕竟不是最佳方略。一方面，政策是存在时滞的，可能不能及时地解决问题导致矛盾扩大；另一方面，如果某一个时间段内市场情绪多有反复，楼市交易今年火热明年清淡，政策也跟随着改动，不利于局势稳定，有"朝令夕改"之嫌，对地区治理和长远发展也是没有好处的。因此，二线城市应该在对供需态势进行详细估计的基础上，尽量做到提前预警、早做准备，不要让政策成为实际情况的"马后炮"。

### 4. 房价调控与房地产行业债务拐点

"房子是用来住的，不是用来炒的"。中央的这一论点，迅速在市场上传播，显示了国家对控制房价、抑制投机、防治泡沫的决心和信心。前文的讨论，也一直围绕着控制房价、调节楼市供求展开。而本书研究的主题，是债务拐点问题，经过我们的研究，房地产行业已经出现了债务拐点，房市价格和供需结构与房地产行业债务拐点之间的关联是什么呢？这一点，在前文的诸多论点中，我们都有穿插讲述，现在，课题组将进行集中梳理，与各位读者分享。

供需决定价格，因此，房价本质上是由于房地产市场供给、需求两方力量的强弱决定的：供给大于需求，则房价稳定、成交清淡，未来价格有下滑压力；需求大于供给，则房市火爆、成交积极，未来价格有上涨动力。造成供需不平衡的原因，既可能来源于需求，也可能缘起于供给。此处，我们来进行一个情景讨论，便于读者理解。当房市面临下行压力之时，房地产行业的业务扩张会相应收缩，银行对其信贷投放也会相应收紧，两方作用之下，地产企业的负债增速会下降甚至为负。如果地产调控得当，能够因地制宜，存量房屋价格能够稳中缓涨，那么对于地产商的利润也是大有裨益的。地产商一方面负债减少，一方面利润稳定甚至有所增加，资产负债率必然会降低，债务高企问题也会逐渐解决。此处我们可以发现，只是单纯地压低房价是不可行的，还需要保持房地产价格的稳中有升，否则，如果房价下跌，利润下滑显著，即使没有新增债务，地产公司还是会面临杠杆率高企、资不抵债的困局，这也是房地产行业去杠杆的困难之处。课题组认为，能够解决两难处境的关键举措，就在于能够具体问题具体分析，根据一线、二线、三四线城市房市的不同特征，采取相应政策，一线城市扩大供给，二线城市密切跟踪供需情况、设置政策预警机制，三四线城市紧缩新增、优化库存，切忌"一刀切"，切忌脱离市场规律的行政化指令。

课题组提出的房地产供给侧改革，是侧重结构的改革，是有针对性、分层次的改革，充分结合了各地实际情况的考量。对于三四线城市，类比煤炭、钢铁等产能过剩行业，实行供给收缩，而对于一线城市，不仅不倡导供给收缩，反而提议土地的合理释放，赞成一线城市借助其得天独厚的各类资源，倚靠其四通八达的交通网络，拓展更多可供出让的土地资源，缓解日益紧张的供需矛盾。对于介于中间的二线城市，供给侧的改革可能需要相机而行，没有一个非常明确和肯定的方向，但是，我们同样强调预防风险、早做准备。

当然，房地产市场的调控牵一发而动全身，是宏观经济调控的关键环节，目前，没有哪种理论或者政策能够完美地解决房地产市场问题，课题组的结论主要基于对现有数据的分析、实地调研的感受，在充分结合了创新性思考后得出一些建议，我国的改革发展之路没有经验可循，我们也呼吁社会各界集思广益，在各方智慧火花的交织碰撞中，在不断摸索中，建设稳定、健康的房地产经济。

# 第七章 中国实体经济和虚拟经济研究

2015 年以来，我国经济增速逐步放缓，2015 年第三季度 GDP 增长率同比跌破 7%，创 2009 年全球金融危机后新低。近期国务院多次召开会议，重申支持引导金融支持实体经济，处理好虚拟经济与实体经济的关系，使虚拟经济更好地促进实体经济发展。目前，经济领域学者对虚拟经济在合理范围内能够较好推动实体经济发展，而过度膨胀则会危害到实体经济的认识基本一致。但是到目前为止，中国没有形成自己的实体经济与虚拟经济的比例标准（standards）和警戒线（boundaries）。

学术界和实际工作部门虽然经常提到虚拟经济膨胀会引发金融动荡，损害实体经济的发展，但对虚拟经济与实体经济的最优比例、上限比例的区间如何确定，以及我国目前虚拟经济存在的最优规模多大等问题尚未进行过深入研究。因此，在系统研究我国政府、企业、个人等各类债务规模的基础上，对虚拟经济和实体经济的协调发展问题（黄金比例和上限比例）进行研究，具有较强的理论研究和现实指导意义。

本章在分析虚拟经济总量变化情况的基础上，以全要素生产率为标准，计算实体经济和虚拟经济的黄金比例，并且以滤波分析和格兰杰因果检验为标准，分析哪些虚拟经济体对实体经济（工业增加值）影响最大。研究显示：虚拟经济与实体经济的黄金比例为 16.7；同时，自 2009 年开始，我国虚拟经济与实体经济比例已经不在合理区间了，这有可能较大程度引发过度投机和金融泡沫，也会对经济增长产生负作用，因此经济结构改革势在必行。

数据还显示，当前股票市场、基金市场的短期波动，能够影响实体经济的短期发展，而期货市场、商品房市场、债券市场的长期波动对实体经济则有较明显的影响。

## 一、实体经济和虚拟经济的现状

### 1. 实体经济和虚拟经济的概念界定

在早期的研究中，凯恩斯将实体经济界定为以货物和服务为形式的存在。随着经济学两分法的研究逐步深入，实体经济和虚拟经济的理论研究也在不断发展。

对于虚拟经济的范畴，存在不同的理解，国内对虚拟经济的含义主要有两种理解：一个是以成思危为代表，其认为"虚拟经济是指与虚拟资本以金融系统为主要依托的循环运动有关的经济活动，简单地说就是直接以钱生钱的活动"，从这个定义来看，虚拟经济与金融部门的活动是一致的；另一个是以刘骏民为代表，其认为从理论上应该以"是否与物质生产相关"为划分虚拟经济和实体经济的标准，即与物质生产无关的活动就是虚拟经济，并提出了狭义和广义的虚拟经济，按照其定义，虚拟经济并不局限于金融部门，还包含除金融业之外的其他服务业等领域。

从国外实务角度看，近年来，美联储频繁使用"实体经济"这个词语，与之相关联的是除去房产市场和金融市场之外的部分。从美国经济数据的构成来看，国民经济核算存在两个体系：一个是物资资料生产、物质产品生产体系（MPS体系），包括农业、工业和传统的服务业，可以笼统地概括为"实体经济"；另一个是包括金融业、房地产业、现代金融服务业在内的体系（SNA体系），可以被认定为"虚拟经济"。

根据我国经济结构、发展阶段、金融市场等因素，本章将虚拟经济范畴界定为金融行业和房地产行业为主的经济总量。同时我们将工业增加值界定为实体经济方面，以工业增加值规模为代表；虚拟经济方面，根据国内外学者研究，以包含房地产市场的广义范畴为测试范围，包含股票市场、债券市场、证券基金市场、期货市场和商品房销售市场的交易规模。

虚拟经济与实体经济的关系体现在三个方面：第一，虚拟经济以实体经济为基础。首先，虚拟资本最初是从实体经济中产生的剩余资本转化而来的；其次，实物资本或实体经济是虚拟资本存在的依托，是虚拟资本的利润源泉。第二，虚拟经济独立于实体经济之外，有自己独特的运动规律。第三，虚拟经济中的长期资本又会以某种方式与产业资本融合，以实体经济形式存在。因此，虚拟经济的发展对实体经济是一把双刃剑。一方面，虚拟经济的发展可以为实体经济的融资提供便利，有利于促进资源优化配置，从而促进经济效益的改善和产业结构调整升级；但另一方面，虚拟经济的发展容易造成泡沫经济，使经济发生动荡和危机的可能性加大。

**2. 实体经济和虚拟经济的发展现状**

从规模上看，2006 年之前，虚拟经济与 GDP、工业增加值呈相对协调发展，而 2007 年后，虚拟经济规模开始加速上涨，远超工业增加值等实体经济的发展规模，如图 7-1 所示。

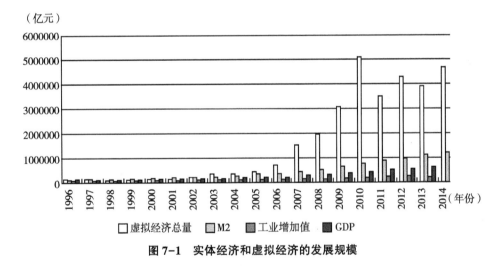

**图 7-1 实体经济和虚拟经济的发展规模**

资料来源：国家统计局网站。

对于虚拟经济与实体经济的内在比率关系，金融相关比率（Financial Interrelations Ratio，FIR）是国内外学者研究的重要指标，它是指金融资产与实物资产在总量上的关系，即某一时点上现存金融资产总额与国民财富的比率。金融增长快于实物经济增长，金融相关比率上升，但上升不是无限制的。根据国外学者的研究，金融相关比率在 1~1.5 之间就会稳定。国内也有学者研究认为我国金融相关比率的上限在 2.5 左右。

在实际测算中，目前国内外学者多将 M2/GDP 作为金融相关比率，虽然其与严格意义上的金融相关比率（全部金融资产价值与国民财富之比）存在很大差异，但也具有一定的代表性。从我国 1999 年以来的金融相关比率和工业增加值变化趋势看，2009 年之前，金融相关比率保持相对稳定，与工业增加值变化趋势基本保持一致，而 2010 年之后，金融相关比率攀升，而工业增加值增速不断下行，形成剪刀差，如图 7-2 所示。

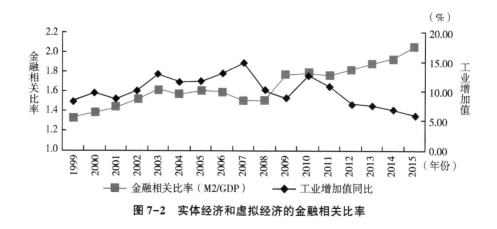

图 7-2　实体经济和虚拟经济的金融相关比率

实际上，虚拟经济是实体经济发展到一定阶段的必然产物。一方面，实体经济的良性运转将对虚拟经济的发展提供坚实的支撑；另一方面，人类经济的发展和社会福利水平的提高最终取决于它所创造和拥有的真实财富，因此，虚拟经济的稳定性归根结底以虚拟资本能够最终转化为真实的社会财富为基础。如果实体经济不能再输送维持整个虚拟经济所必需的收入，虚拟经济体系就有可能出现重大危机。当实体经济和虚拟经济保持合理的发展速度和规模时，虚拟经济的发展将对实体经济的发展和一国经济增长起到有力的促进作用。当虚拟经济的发展落后于实体经济时，便会产生金融抑制现象，导致资金的低效运用和市场分割，并进一步影响到实体经济的发展。当虚拟经济脱离实体经济过度膨胀时，则会引发过度投机和金融泡沫。

## 二、实体经济和虚拟经济的黄金比例

本章以全要素生产率为标准，计算实体经济和虚拟经济的黄金比例。

### 1. 全要素生产率的计算

生产率综合反映了技术进步对经济发展的影响。从经济增长角度来看，生产率与劳动、资本等要素投入均会促进经济增长。从效率角度来看，生产率等于一定时期内国民经济中总产出与各种资源要素总投入的比值。从本质上来讲，它反映的是一个经济体为了促进经济发展，在一段时间里展现出的生产能力以及努力程度。以索罗（1957）等为代表的新古典增长理论认为，经济增长可以通过两种途径来实现：一种是增加要素的投入，另一种是提高单位投入的产出效率。但长期来看，资本边际效益递减，仅仅依靠增加要素投入来推动经济增长是无法持续的。因此，一国经济的持续发展主要是依靠提高技术水平来推动生产率的提高。

在衡量技术水平时，全要素生产率（Total Factor Productivity，TFP）比单要素生产率要优越，比单要素生产率要更合适。全要素生产率来源于三个方面：一是效率的改善；二是技术进步；三是规模效应。在计算上，它可以看成是除去劳动、资本、土地等要素投入之后的"剩余值"。下面研究中国经济的全要素生产率的变化及其对经济增长的贡献。

模型假设：中国经济的生产函数符合柯布—道格拉斯生产函数模型：

$$Y_t = A_0 e^{t\alpha} K^{\alpha_K} L^{\alpha_L}$$

其中，$A_0$ 代表技术；$\alpha_K$、$\alpha_L$ 分别代表资本 K 和劳动 L 的产出弹性，当规模报酬不变时，$\alpha_K + \alpha_L = 1$，表明生产效率并不会随着生产规模的扩大而提高，只有提高技术水平，才会提高经济效益。

对上面式子两边取自然对数，得出下面等式：

$$\ln Y_t / L_t = \ln A_0 + t\alpha + \alpha_K \ln K_t / L_t \qquad （模型 1）$$

对于模型 1，我们采用 1991~2015 年国内生产总值 GDP 数据（亿元）作为衡量国民经济整体产出的指标；历年社会劳动者人数数据（万人）作为历年劳动投入量指标；资本存量数据（亿元，该数据根据历年全社会固定投资完成额测算，按 10 年平均折旧，残值为 0）作为资本投入量。对模型 1 进行回归，回归结果如表 7-1 所示。

表7-1　全要素生产率回归结果1

| 模型 | | 非标准化系数 | | 标准系数 | t | Sig. | 共线性统计量 | |
|---|---|---|---|---|---|---|---|---|
| | | B | 标准误差 | 试用版 | | | 容差 | VIF |
| 1 | （常量） | -1.121 | 0.015 | | -75.581 | 0.000 | | |
| | 年 | 0.088 | 0.001 | 0.998 | 82.738 | 0.000 | 1.000 | 1.000 |
| 2 | （常量） | -1.090 | 0.020 | | -53.772 | 0.000 | | |
| | 年 | 0.079 | 0.004 | 0.896 | 18.249 | 0.000 | 0.052 | 19.123 |
| | lnk/l | 0.064 | 0.030 | 0.105 | 2.129 | 0.045 | 0.052 | 19.123 |

a. 因变量：lny/l

由表7-1可知，自变量之间存在共线性，且$\ln K_t/L_t$的系数不尽合理。因此，去掉时间变量t，回归模型变为：

$$\ln Y_t/L_t = \ln A_0 + \alpha_K \ln K_t/L_t \qquad （模型2）$$

对模型2进行回归，结果如表7-2所示。

表7-2　全要素生产率回归结果2

| 模型 | | 非标准化系数 | | 标准系数 | t | Sig. | 共线性统计量 | |
|---|---|---|---|---|---|---|---|---|
| | | B | 标准误差 | 试用版 | | | 容差 | VIF |
| 1 | （常量） | -0.777 | 0.042 | | -18.297 | 0.000 | | |
| | lnk/l | 0.594 | 0.027 | 0.977 | 22.144 | 0.000 | 1.000 | 1.000 |

a. 因变量：lny/l

由表7-2可知，该回归模型$\ln K_t/L_t$的系数较为合理。

为了体现出时间对全要素生产率的影响，用哑变量代替该时间变量t，于是模型1变为：

$$\ln Y_t/L_t = \ln A_0 + \alpha D_1 + \alpha_K \ln K_t/L_t \qquad （模型3）$$

其中，$D_1$（2000~2008）为哑变量。这是因为从1978年起中国开始了经济改革，在1984年进行了以价格双轨制为特点的工业改革，在20世纪90年代进行了住房改革，以及加入WTO的影响，而这些改革进程具有滞后效应，使得红利在2000~2008年陆续释放，此时国民经济整体产出明显增加。此外，从 1991～2015 年的国内生产总值增长率也可以看出 2000～2008 年增长率递增的趋势。

对上述改进的模型 3 进行回归，结果汇总如表 7-3 和表 7-4 所示。显然，模型 3 效果更好，这更进一步说明 2000～2008 年经济增长明显。

表 7-3 全要素生产率回归结果 3：模型汇总

| 模型 | R | $R^2$ | 调整 $R^2$ | 标准估计的误差 | Durbin-Watson |
|---|---|---|---|---|---|
| 1 | 0.977[a] | 0.955 | 0.953 | 0.139776885517297 | |
| 2 | 0.990[b] | 0.980 | 0.978 | 0.095914124091899 | 0.445 |

a. 预测变量：（常量），lnk/l

b. 预测变量：（常量），lnk/l，$D_2$（2000～2008）

表 7-4 全要素生产率回归结果 3：模型系数

| 模型 | | 非标准化系数 | | 标准系数 | t | Sig. |
|---|---|---|---|---|---|---|
| | | B | 标准误差 | 试用版 | | |
| 1 | （常量） | -0.777 | 0.042 | | -18.297 | 0.000 |
| | lnk/l | 0.594 | 0.027 | 0.977 | 22.144 | 0.000 |
| 2 | （常量） | -0.861 | 0.033 | | -25.815 | 0.000 |
| | lnk/l | 0.602 | 0.018 | 0.990 | 32.586 | 0.000 |
| | $D_2$（2000～2008） | 0.208 | 0.040 | 0.157 | 5.181 | 0.000 |

a. 因变量：lny/l

根据上述结果，得 $\alpha_K = 0.602$，$\alpha_L = 0.398$。

进而根据公式 $TFP_t = Y_t / K^{\alpha_K} L^{\alpha_L}$ 计算 $TFP_t$，结果如表 7-5 所示。

表 7-5 全要素生产率计算结果

| 年份 | TFP | TFP 增长率（%） | 年份 | TFP | TFP 增长率（%） |
|---|---|---|---|---|---|
| 1991 | 0.319247 | | 1994 | 0.42266 | 6.915 |
| 1992 | 0.362087 | 13.419 | 1995 | 0.435773 | 3.102 |
| 1993 | 0.395325 | 9.179 | 1996 | 0.451748 | 3.666 |

续表

| 年份 | TFP | TFP 增长率（%） | 年份 | TFP | TFP 增长率（%） |
|---|---|---|---|---|---|
| 1997 | 0.469521 | 3.934 | 2007 | 0.518802 | 0.564 |
| 1998 | 0.478294 | 1.869 | 2008 | 0.498868 | -3.842 |
| 1999 | 0.495921 | 3.685 | 2009 | 0.468243 | -6.139 |
| 2000 | 0.519057 | 4.665 | 2010 | 0.457842 | -2.221 |
| 2001 | 0.522373 | 0.639 | 2011 | 0.440908 | -3.699 |
| 2002 | 0.53111 | 1.673 | 2012 | 0.424646 | -3.688 |
| 2003 | 0.533614 | 0.471 | 2013 | 0.405239 | -4.570 |
| 2004 | 0.527183 | -1.205 | 2014 | 0.393236 | -2.962 |
| 2005 | 0.517078 | -1.917 | 2015 | 0.384045 | -2.337 |
| 2006 | 0.515891 | -0.230 | | | |

**2. 全要素生产率的趋势**

TFP 及其增长率随时间变化趋势如图 7-3 所示。可以看到，全要素生产率在 2003 年之前一直呈现增长趋势，从 2004 年至今，基本处于下降趋势，只

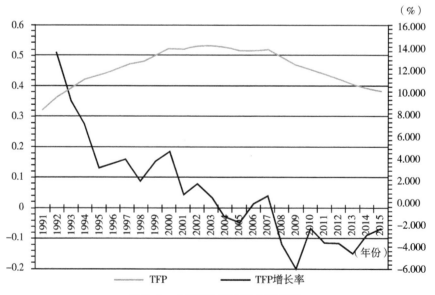

图 7-3　全要素生产率的变化趋势

是在 2007 年稍有反弹后继续下降。全要素生产率增长率在 2003 年之前虽然下降但也是正增长，而从 2004 年开始变为负增长。

从全要素生产率变化中可以看到如下几个方面的特点：

第一，资本投入的报酬率高于劳动投入的报酬率，一定程度说明劳动力未能对中国经济增长发挥充分作用。

第二，从 2004 年起 TFP 下降，且增长率由正转负，反映了生产要素投入的产出效率逐渐降低，说明此时中国经济的增长大量依赖资本、劳动力等要素的投入，是典型的投入型增长方式，而不是依靠技术进步来提高效率。

第三，1978 年起的中国经济改革，1984 年以价格双轨制为特点的工业改革，以及之后的住房改革、加入 WTO 等因素带来的红利在 2000～2008 年释放，说明这些改革对中国经济产生了积极正面的影响。

第四，2008 年之后，随着改革红利效应趋减、大规模经济刺激导致产能过剩行业重复建设，对技术进步、组织创新、专业化和生产创新产生挤出效应，导致全要素生产率下降。

我们进一步就全要素生产率与经济增长之间的关系进行了分析，结果如表 7-6 所示。数据显示：

第一，1996～2015 年，总的来说中国经济 TFP 是先升后降的，该期间的年平均 TFP 增长率约为-7.8%，而同期产出的年平均增长率约为 134.53%，说明 TFP 增长对产出增长的贡献约为-5.8%。总的来说，这期间生产率水平对产出增长并没有正的贡献，反而阻碍了经济增长。

第二，1996～1999 年 TFP 增长对产出增长的贡献约为 37.73%，2000～2003 年 TFP 增长对产出增长的贡献也达到近 9.7%。因此，整体来说，1999～2003 年是中国经济 TFP 增长的黄金期，虽然很低，但对产出的增长做出了可观的贡献。也充分说明，中国在由计划经济向市场经济转变过程中做出的一系列改革是卓有成效的。

第三，2004～2015 年，TFP 呈现持续下降，TFP 增长率为负；2004～2008 年 TFP 增长对产出增长的贡献约为-10.52%；而 2009～2015 年 TFP 增长对产出增长的贡献约为-35.15%，说明这期间全要素生产率负增长阻碍了经济增长，进一步说明资源配置不合理。

表 7-6　TFP 对经济增长的贡献分析

单位:%

| | 1996~2015 年 | 其中 | | | |
|---|---|---|---|---|---|
| | | 1996~1999 年 | 2000~2003 年 | 2004~2008 年 | 2009~2015 年 |
| TFP 增长率 | -7.80 | 4.78 | 1.39 | -2.72 | -9.44 |
| 产出增长率 | 134.53 | 12.66 | 14.36 | 25.88 | 26.84 |
| TFP 增长对产出增长的贡献 | -5.80 | 37.73 | 9.70 | -10.52 | -35.15 |

由此可见，中国全要素生产率增长及其对经济增长贡献较低甚至为负的原因，一方面在于技术进步率、技术效率低下，另一方面生产能力利用水平偏低。这也进一步说明，今后中国经济全要素生产率增长对经济增长的贡献空间很大。

**3. 虚拟经济与实体经济的黄金比例**

这里，我们以虚拟经济总量来代表虚拟经济发展规模，以工业增加值代表实体经济发展规模，研究虚拟经济总量与工业增加值之比对上述全要素生产率的作用变化。回归结果如表 7-7 所示。

表 7-7　模型汇总和参数估计值

因变量: TFP

| 方程 | 模型汇总 | | | | | 参数估计值 | | | |
|---|---|---|---|---|---|---|---|---|---|
| | $R^2$ | F | df1 | df2 | Sig. | 常数 | b1 | b2 | b3 |
| 线性 | 0.373 | 10.110 | 1 | 17 | 0.005 | 0.515 | -0.003 | | |
| 对数 | 0.285 | 6.792 | 1 | 17 | 0.018 | 0.531 | -0.024 | | |
| 二次 | 0.378 | 4.870 | 2 | 16 | 0.022 | 0.519 | -0.004 | 4.596E-5 | |
| 三次 | 0.611 | 7.855 | 3 | 15 | 0.002 | 0.453 | 0.022 | -0.002 | 3.985E-5 |
| 幂 | 0.290 | 6.941 | 1 | 17 | 0.017 | 0.533 | -0.053 | | |
| 指数 | 0.371 | 10.008 | 1 | 17 | 0.006 | 0.515 | -0.006 | | |

自变量为虚拟经济总量/工业增加值。

回归方程为:

$$y_t = 0.00004X_t^3 - 0.002 \times X_t^2 + 0.021 \times X_t + 0.453 + \varepsilon_t$$

根据上述公式，虚拟经济与实体经济比例对全要素生产率起促进作用的黄金比例为 X = 16.7。数据的模拟效果如图 7-4 所示。

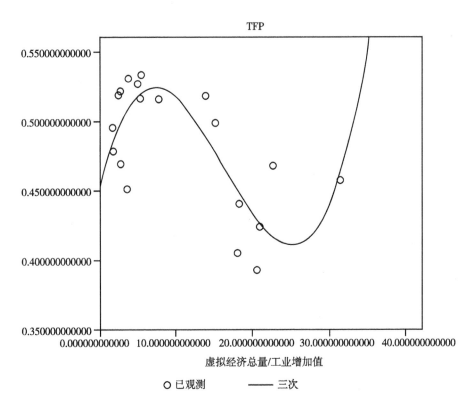

**图 7-4　虚拟经济与实体经济的黄金比例**

　　从上述结论可以得出，当虚拟经济发展规模是实体经济工业增加值规模的 16.7 倍时，两者保持合理的发展速度和规模，此时，对全要素生产率具有促进作用的正效应，虚拟经济的发展将对实体经济的发展和一国经济增长起到有力的促进作用。图 7-5 为 1996~2014 年虚拟经济总量与工业增加值的比例变化趋势：在 2008 年该比例达到 15.2，2009~2014 年该比例远大于上述黄金比例 16.7，在 2010 年达到顶峰 31.3。这充分说明自 2009 年开始，虚拟经济与实体经济比例已经不在合理区间了，也就是说虚拟经济脱离实体经济过度膨胀，有可能较大程度引发过度投机和金融泡沫，也会对经济增长产生负作用，因此经济结构改革势在必行。

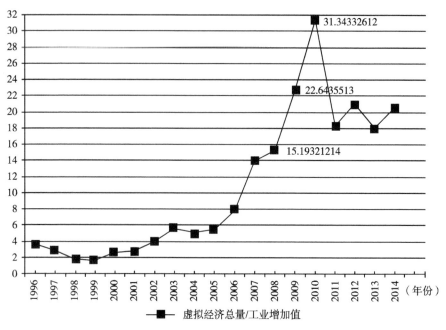

图 7-5　虚拟经济与实体经济的实际比例

## 三、实体经济与虚拟经济的格兰杰因果检验

### 1. 实体经济和虚拟经济的滤波分析

实体经济和虚拟经济的发展既有短期波动因素，也有长期的趋势性因素。从我国实体经济和虚拟经济的发展情况看，主要的宏观经济变量，比如国内生产总值、经济增加值等都会围绕着它们自身的确定性趋势发生周期性波动。同时，在微观虚拟经济体层面，房地产市场、证券市场、基金市场、债券市场、期货市场等，其交易规模的变化虽然有一定的波动，但也并不总是随机的，而是呈现出一定的趋势性。所以，无论是在宏观层面考察宏观经济的波动，还是在微观层面分析虚拟经济体的交易变化情况，既需要了解变量的趋势成分，又需要了解其周期波动成分，这就需要利用滤波方法，将动态时间序列的趋势成分和周期波动成分分离出来。

目前，较常用的滤波方法是 HP 滤波法，这是由 Hodrick 和 Prescott 两位经济学家在分析美国的经济景气程度时首先提出的，这种方法被广泛地应用于对宏观经济趋势的分析研究中。HP 滤波法是一种时间序列在状态空间中的分析方法，相当于对波动方差的极小化，它把时间序列看作是不同频率的成分的叠加。时间序列的 HP 滤波就是要在这些不同频率的成分中，分离出频率较高的成分，去掉频率较低的成分，也即去掉长期的趋势项，而对短期的随机波动项进行度量。

HP 滤波的原理可以表述为，假设经济时间序列为 $Y=\{y_1,\ y_2,\ \cdots,\ y_n\}$，趋势要素为 $G=\{g_1,\ g_2,\ \cdots,\ g_n\}$，短期波动要素为 $C=\{c_1,\ c_2,\ \cdots,\ c_n\}$。其中，n 为样本的容量。因此，HP 滤波可以将 $y_t$（$t=1,\ 2,\ \cdots,\ n$）分解为 $y_t=g_t+c_t$，其中，$g_t$ 和 $c_t$ 均为不可观测值。一般的，时间序列 Y 中不可观测部分趋势 G 常被定义为下面的最小化问题的解：

$$\min\left\{\sum_{t=1}^{n}(y_t-g_t)^2+\lambda\sum_{t=1}^{n}(B(L)g_t)^2\right\}$$

其中，B(L) 是延迟算子多项式，$B(L)=(L^{-1}-1)-(1-L)$。

将延迟算子 B（L）代入最小化问题，则 HP 滤波的问题就是使下面损失函数最小，即：

$$\min\left\{\sum_{t=1}^{n}(y_t-g_t)^2+\lambda\sum_{t=1}^{n}((g_{t+1}-g_t)-(g_t-g_{t-1}))^2\right\}$$

对上式损失函数的 $y_1$，$y_2$，$\cdots$，$y_n$ 进行一阶求导，并令导数为 0，便可得到趋势序列 $y_n$。经过 HP 滤波后，其短期波动之和为 0，即 $\sum_{t=1}^{n}c_t=0$。以上的最小化问题是用 $\lambda\sum_{t=1}^{n}(B(L)g_t)^2$ 来调整趋势的变化，并且，$\lambda\sum_{t=1}^{n}(B(L)g_t)^2$ 的取值随着 $\lambda$ 的增大而增大。不同的 $\lambda$ 值决定了不同的随机波动方式和不同的平滑程度。当 $\lambda=0$ 时，有 $g_t=y_t$，满足最小化问题的趋势等于序列 Y；随着 $\lambda\to\infty$ 的增加，估计的趋势越光滑；当 $\lambda\to\infty$ 时，估计的趋势也就接近于线性函数，这时，HP 滤波就退化为用最小二乘法估计趋势。

变量经过 HP 分解后，可以得到每一个变量的趋势成分和波动成分。其中：变量工业增加值经过 HP 分解后的趋势成分可以看作是我国实体经济的潜在增长率，反映实体经济在较长时期内的增长潜能与变化的方向，其变化相对平缓，所以其变化方向的调整也可以被看作是经济大周期的体现；而周期波动成分反映的是实际增长率和潜在增长率之间的差额，即所谓的短期波动，反映的是由于宏观经济内在或者外部环境变化的各种冲击带来的实体经济增长的短期波动，具有反映的及时性特征，其变化方向的调整可以看作是实体经济小周期的调整。相应地，对于虚拟经济、工业增加值、股票交易等指标，也经过HP 滤波分解，可以得到其趋势成分和波动成分，分别代表虚拟经济、全要素生产率（TFP），以及各虚拟经济体的长期趋势和短期内的波动幅度。

对于虚拟经济体而言，趋势成分更能表明市场的机制建设和发展规模的趋势性发展特征，而波动成分更多地表明了短期市场的投资、投机行为。

经过 HP 滤波分解后，可以把所有的变量时间序列数据分解成趋势成分序列和短期波动成分序列。例如，工业增加值增长率分为趋势成分 T_GY 和短期波动成分 C_GY，变量前的 T 表示趋势成分，变量前的 C 表示短期波动成分。

由于采集的都是时间序列数据，并且要以动态时间序列模型作为分析基础，所以在进行深入的模型分析之前，需要对各变量进行平稳性检验，检测其是否存在单位根，抑或是同阶单整的。对各趋势变量和短期波动变量采用ADF 检验的结果如表 7-8 所示。

表 7-8　单位根检验结果

| Variable | | Equation | ADF Value | Value% |
|---|---|---|---|---|
| 工业增加值 | T_GY | (0, 0, 1) | −1.734424 | 90 |
| | C_GY | (1, 1, 1) | −3.850451 | 99 |
| TFP | T_TFP | (0, 0, 3) | −4.779547 | 95 |
| | C_TFP | (0, 0, 0) | −2.307865 | 95 |
| 虚拟经济总量 | T_XN | (1, 1, 1) | −1.054487 | — |
| | Δ (T_XN) | (0, 0, 1) | −3.833167 | 95 |
| | C_XN | (0, 0, 0) | −4.731076 | 95 |
| 债券交易 | T_SPF | (0, 0, 1) | 0.551812 | — |
| | Δ (T_SPF) | (1, 1, 1) | −16.99257 | 99 |
| | C_ZZ | (0, 0, 0) | −3.367211 | 95 |
| 商品房 | T_SPF | (0, 0, 1) | −5.852230 | 99 |
| | C_ SPF | (0, 0, 2) | −3.759439 | 95 |

续表

| Variable | | Equation | ADF Value | Value% |
|---|---|---|---|---|
| 期货交易 | T_ QH | (1, 1, 1) | -3.430519 | 99 |
| | C_ QH | (0, 0, 1) | -3.330019 | 95 |
| 基金交易 | T_ JJ | (0, 0, 1) | -2.474125 | 95 |
| | C_ JJ | (0, 0, 0) | -2.474125 | 95 |
| 股票交易 | T_ GP | (1, 1, 1) | -3.324769 | 99 |
| | C_ GP | (0, 0, 0) | -4.792459 | 99 |

注：Δ 表示对变量进行一阶差分；Equation 中的三个参数分别表示单位根检验方程包括常数项 c、时间趋势 t 和滞后的阶数，0 表示不包括 c 或 t，加入滞后项是为了使残差项为白噪声。

## 2. 长期趋势和短期波动的协整分析

首先考察工业增加值与虚拟经济之间变化趋势的关系。根据以上的理论与数据分析，建立以各变量趋势成分为基础的协整分析。在各个变量之间最大滞后期为 1 时，约翰森（Johansen）协整关系检验结果均能通过，如表 7-9 所示。

表 7-9 工业增加值与六个虚拟经济体趋势变量的协整关系检验结果

| 工业增加值 | Hypothesized No. of CE(s) | Eigenvalue | Trace Statistic | 0.05Critical Value | Prob. ** |
|---|---|---|---|---|---|
| 与虚拟经济 | None* | 0.84838 | 50.21999 | 15.49471 | 1.53E-07 |
| 与商品房 | None* | 0.987286 | 90.15775 | 15.49471 | 2.86E-06 |
| 与债券 | None* | 0.998635 | 107.8645 | 15.49471 | 0.0001 |
| 与股票 | None* | 0.954531 | 73.27511 | 12.3209 | 9.08E-06 |
| 与基金 | None* | 0.971289 | 77.63794 | 15.49471 | 7.98E-08 |
| 与期货 | None* | 0.88992 | 44.84686 | 15.49471 | 6.87E-07 |

其次考察工业增加值与虚拟经济之间短期波动变化的关系。根据以上的理论与数据分析，建立以各变量波动成分为基础的协整分析。在各个变量之间最大滞后期为 1 时，约翰森（Johansen）协整关系检验结果均能通过，如表 7-10 所示。

表7-10 工业增加值与六个虚拟经济体波动变量的协整关系检验结果

| 工业增加值 | Hypothesized No. of CE(s) | Eigenvalue | Trace Statistic | 0.05Critical Value | Prob. ** |
|---|---|---|---|---|---|
| 与虚拟经济 | None* | 0.454485 | 17.53104 | 15.49471 | 0.02435 |
| 与商品房 | None* | 0.612791 | 15.6333 | 15.49471 | 0.047671 |
| 与债券 | None* | 0.895797 | 43.57517 | 15.49471 | 1.03E-06 |
| 与股票 | At most 1* | 0.414743 | 9.106962 | 3.841466 | 0.002546 |
| 与基金 | None* | 0.706202 | 24.66595 | 15.49471 | 0.001589 |
| 与期货 | At most 1* | 0.370955 | 7.880395 | 3.841466 | 0.005 |

### 3. 长期趋势的 GRANGER 因果检验结果

GRANGER 因果检验的含义是每个变量的当期值都可以从其他变量的滞后值中得到相应的解释，而解释变量总是内生于被解释变量。

从虚拟经济与实体经济 GRANGER 因果检验的结果看：第一，虚拟经济与实体经济的长期趋势中，虚拟经济总体的发展对后续实体经济的发展能够产生稳定的影响（见表7-11）。第二，实体经济（工业增加值）的发展，难以对后续虚拟经济的发展产生解释（见表7-11）。因此，可以认为，当前虚拟经济的趋势性发展，能够促进实体经济的发展，而实体经济的趋势性发展，却无法解释虚拟经济后续的发展特征，即其影响较小。第三，商品房、股票、债券、基金与实体经济之间在趋势上存在相互的 GRANGER 因果关系（见表7-12）。第四，虽然期货市场的趋势性发展能够解释实体经济的发展趋势，但实体经济发展无法解释后续的期货市场交易发展，即仅存在单一的 GRANGER 因果关系（见表7-12）。

表7-11 工业增加值与虚拟经济趋势变量的因果检验结果

| H0 | F-Statistic | Prob. | 结论 |
|---|---|---|---|
| XNZZ_TREND does not Granger Cause GYZJZZZ_TREND | 6.25701 | 0.01376 | 拒绝原假设 |
| GYZJZZZ_TREND does not Granger Cause XNZZ_TREND | 3.81684 | 0.05213 | 接受原假设 |

表7-12 工业增加值与各虚拟经济体趋势因果检验结果

| | Null Hypothesis | F-Statistic | Prob. | 结论 |
|---|---|---|---|---|
| 各虚拟经济体与实体经济 | JJZZ_TREND does not Granger Cause GYZJZZZ_TREND | 27.61371 | 0.000144328 | 拒绝原假设 |
| | QHZZ_TREND does not Granger Cause GYZJZZZ_TREND | 20.60578 | 0.000131538 | 拒绝原假设 |
| | SPFZZ_TREND does not Granger Cause GYZJZZZ_TREND | 73.41447 | 2.01E-05 | 拒绝原假设 |
| | ZQZZ_TREND does not Granger Cause GYZJZZZ_TREND | 26.09087 | 0.000107569 | 拒绝原假设 |
| | GPZZ_TREND does not Granger Cause GYZJZZZ_TREND | 21.41368 | 0.000109927 | 拒绝原假设 |
| 实体经济与各虚拟经济体 | GYZJZZZ_TREND does not Granger Cause JJZZ_TREND | 90.45124 | 1.10E-06 | 拒绝原假设 |
| | GYZJZZZ_TREND does not Granger Cause QHZZ_TREND | 0.08902 | 0.91542943 | 接受原假设 |
| | GYZJZZZ_TREND does not Granger Cause SPFZZ_TREND | 4.78308 | 0.04904182 | 拒绝原假设 |
| | GYZJZZZ_TREND does not Granger Cause ZQZZ_TREND | 173.19784 | 1.74E-08 | 拒绝原假设 |
| | GYZJZZZ_TREND does not Granger Cause GPZZ_TREND | 62.28029 | 4.60E-07 | 拒绝原假设 |

**4. 短期波动的 GRANGER 因果检验结果**

从短期波动数据的 GRANGER 因果检验上看，虚拟经济与实体经济 GRANGER 假设检验都在5%以下的显著性水平接受了零假设，表明无相互的 GRANGER 因果关系，如表7-13所示。

表7-13 工业增加值与虚拟经济短期波动的因果检验结果

| Null Hypothesis | F-Statistic | Prob. | 结论 |
|---|---|---|---|
| XNZZ_CC does not Granger Cause GYZJZZZ_CC | 1.924326 | 0.188423 | 接受原假设 |
| GYZJZZZ_CC does not Granger Cause XNZZ_CC | 0.453501 | 0.645855 | 接受原假设 |

从股票市场、基金市场、商品房市场、债券市场和期货市场等虚拟经济体与实体经济短期波动数据的 GRANGER 因果检验上看（见表7-14），在5%的显著性水平上，股票市场、基金市场对实体经济的短期波动 GRANGER 因果拒绝了零假设，表明股票市场、基金市场的短期波动，存在对实体经济短期波动的 GRANGER 因果关系；而其他市场的短期波动，均无法拒绝零假设，说明实体经济与期货市场、商品房市场、债券市场的短期波动无 GRANGER 因果关系。

表7-14 工业增加值与各虚拟经济体短期波动的因果检验结果

|  | Null Hypothesis | F-Statistic | Prob. | 结论 |
|---|---|---|---|---|
| 各虚拟经济体与实体经济 | GPZZ_CC does not Granger Cause GYZJZZZ_CC | 5.313863 | 0.022245 | 拒绝原假设 |
|  | JJZZ_CC does not Granger Cause GYZJZZZ_CC | 5.973219 | 0.022341 | 拒绝原假设 |
|  | QHZZ_CC does not Granger Cause GYZJZZZ_CC | 0.211196 | 0.812561 | 接受原假设 |
|  | SPFZZ_CC does not Granger Cause GYZJZZZ_CC | 3.169271 | 0.104704 | 接受原假设 |
|  | ZQZZ_CC does not Granger Cause GYZJZZZ_CC | 0.661781 | 0.537137 | 接受原假设 |
| 实体经济与各虚拟经济体 | GYZJZZZ_CC does not Granger Cause GPZZ_CC | 0.511444 | 0.61213 | 接受原假设 |
|  | GYZJZZZ_CC does not Granger Cause JJZZ_CC | 1.259649 | 0.329363 | 接受原假设 |
|  | GYZJZZZ_CC does not Granger Cause QHZZ_CC | 0.96491 | 0.408709 | 接受原假设 |
|  | GYZJZZZ_CC does not Granger Cause SPFZZ_CC | 1.277288 | 0.336592 | 接受原假设 |
|  | GYZJZZZ_CC does not Granger Cause ZQZZ_CC | 2.694697 | 0.115849 | 接受原假设 |

因此，从上述实体经济与各虚拟经济体之间的 GRANGER 因果检验结果看，长期趋势上，实体经济与各虚拟经济体之间存在明显的 GRANGER 因果关系，表明虚拟经济的长期健康稳定发展有助于实体经济的发展，同时，实体经济的良好发展可以促进虚拟经济各主体市场的发展。从短期波动的关系上看，股票市场、基金市场的短期波动，能够影响实体经济的短期发展，这表明对于股票市场和基金市场，不仅需要重视长期的制度性、趋势性分析和风险管控，也需要重视短期的市场波动对实体经济的影响；而期货市场、商品房市场、债券市场的短期波动对实体经济短期波动的影响较小，对它们而言，更需要重视的是长期、可持续的制度性、规律性和趋势性的规范管理。

## 四、总结与建议

本章以全要素生产率为标准，计算实体经济与虚拟经济的黄金比例。测算结果显示，资本投入对全要素生产率的贡献在不断降低，人力要素的作用要高于资本，同时全要素生产率的增长率由正转负，说明目前的要素配比结构不够合理。进一步通过实体经济与虚拟经济的比值与全要素生产率进行回归分析发现，当虚拟经济发展规模是实体经济工业增加值规模的 16.7 倍时，两者保持合理的发展速度和规模，此时，对全要素生产率具有促进作用的正效应，虚拟经济的发展将对实体经济的发展和一国经济增长起到有力的促进作用。不过从我国的数据来看，自 2009 年开始，我国虚拟经济与实体经济比例已经不在合理区间了，也就是说虚拟经济脱离实体经济过度膨胀，有可能较大程度引发过度投机和金融泡沫，也会对经济增长产生负作用，因此经济结构改革势在必行。基于上述分析，未来尤其需要在如下几个方面进行改进和调整：

第一，在产业结构方面需要进行全面调整。从全要素生产率的结果看，当前我国在产业发展上进行结构性改革非常具有必要性。在生产要素投入方面，尤其要重视人力资本的投入。在其他与产业发展和经济转型相关的其他要素方面，尤其要关注实体经济与虚拟经济协调性发展，以及消费与储蓄率等结构性、基础性问题。

第二，加强对虚拟经济的监管与约束。数据显示，我国实体经济与虚拟经济的结构已经背离了最优比例。虚拟经济发展并不是基于实体经济，而是由投机心理及虚拟资本独立的运动规律造成的，出现金融资产价格、不动产价格脱离生产力发展水平的虚假上涨，使经济呈现出虚假繁荣的景象。美国次贷危机表明，经济泡沫一旦破灭，就会对社会再生产的各环节造成不利影响，进而危害到实体经济。因此，为了保证实体经济健康发展，相关政府部门必须约束泡沫经济的发展，监督和控制各种促进泡沫增长的投机活动。

第三，提高金融机构和资本市场的准入条件。虚拟经济必须与实体经济发展步伐协调，避免流动性过多滞留在虚拟经济领域，要精准、高效地将资金引导至实体经济领域。一要提高金融机构设立条件和资本市场的准入门槛，规范金融市场发展秩序，强化准入标准在产品设计、风险控制、资本约束、从业经验和技术运用等方面的政策要求，必要时可以采用牌照监管方式提高准入条件；二要深刻认识金融创新的实质，要以是否提升服务实体经济效率、降低金融和系统性风险为出发点，回归金融创新的本质要求，对于 P2P、众筹等所谓的通道型、复制型金融创新要及时稳妥治理和规范；三是对于银行业等风险管理较为规范的机构，要由业务监管向资本监管转变，进一步强化资本监管，在资本约束下，倒逼和鼓励商业银行优化资产结构，提高资本配置的效率和精细化水平，助推银行机构向低资本消耗的模式转型。

第四，深化市场经济建设，构建实体经济与虚拟经济的双向促进机制。从长期趋势上看，实体经济与各虚拟经济体之间存在明显的 GRANGER 因果关系，表明虚拟经济的长期健康稳定发展有助于实体经济的发展，同时，实体经济的良好发展可以促进虚拟经济各主体市场的发展。当前我国市场经济建设及经济转轨过程中各部门政策往往缺乏协调，导致各市场的政策分割，缺乏彼此的沟通、协调、相互促进。这也是实体经济与虚拟经济相背离的原因之一。例如，实体经济在发展过程中出现很多矛盾，资源枯竭、环境污染、贸易摩擦、比较优势下降、经济结构落后；虚拟经济也存在投机严重、比例失调等问题。因此，实体经济发展过程中应该注重经济结构的升级、提高科技含量，这样才能为虚拟经济的健康发展提供资本基础。同时，促进虚拟经济健康、适度发展，其溢出机制才能为实体经济提供强大支撑。

# 第八章  研究总结

## 一、研究价值

债务是宏观经济的有机组成部分。宏观经济的良好运行，离不开必要的债务杠杆。不过，当债务的总量规模过大时，宏观经济也将面临严峻的危机。在过去的研究中，针对债务和经济增长的数量分析还非常少见，这使得在债务方面的论述缺乏必要的立论基础，也使得相关的政策缺乏理论依据。从这一点出发，本书主要关注了中国的债务问题，并且试图借助系统而完整的债务数据来揭示债务和经济增长之间的关系。

本书关注了中国全社会的债务问题，不同主体、不同行业的债务问题，实体经济与虚拟经济的比例结构问题。在内容方面，本书坚持了三个导向：

第一，理论导向。本书的研究有其理论基础，本书所关注的债务和经济增长之间的关系，是宏观经济学的经典问题。不过，迄今为止，在国内外学术前沿领域，大量的理论和定量研究关注的是政府债务问题，尚没有对全社会债务进行系统研究的。这使得本书的研究议题既来自于经典经济学理论，又凸显了研究创新价值。同时，在模型建构和分析过程中，本书也充分参考了现有经济学研究的模型、算法和计量分析过程。因此，本书的理论导向是全书的基本原则。全书的研究结论也具备较高的理论价值。

第二，数据导向。本书的主要范式是定量研究范式。因此，本书在理论层面详尽地描述了债务和经济增长之间的关系之后，将重点转移至债务数据的分析，特别是债务和经济增长之间的计量模型分析。这也是目前债务研究的难点，因为现有有关债务的公开数据可获得性很低。为了克服这一难点，在全社会债务以及书中各章具体的研究议题和研究变量的设计时，本书创造性地建构了不同变量的测度方式，从而将理论观点的提出建立在充分的数据分析基础上。因此，本书也为宏观经济学方面的定量研究提供了可借鉴的做法。

第三，政策导向。债务问题是一个经济学问题，更是一个面向实务的现实重要问题。当前我国全社会债务处于非常高的规模。债务如何影响经济增长，不同主体、不同行业、不同部门的债务又应当如何进行适当调整、监控和管理，这些问题都需要充分的理论和实证方面的证据。本书的相关观点和结论为上述问题的回答提供了充分的借鉴，这使得本书具有良好的政策应用价值。

## 二、研究结论

本书使用可获得的数据，界定了我国全社会债务及各类主体债务的测量方式，并且对当前全社会债务及各类主体债务的现状和分布特征做了详尽的说明。在此基础上，使用线性回归模型分析了全社会债务规模和经济增长之间的曲线关系。即全社会债务水平的上升最初会带来 GDP 的上升，不过当全社会债务规模达到拐点之后，就会导致 GDP 下降。当前我国全社会债务水平已经超过拐点，这意味着债务对于 GDP 的影响已经处于负向阶段。因此，为了经济的有序增长，未来急需在全社会范围内迅速控制债务水平，改善经济结构，推进经济有序发展。

针对不同主体的债务研究也得到了类似的结论。从中央政府债务和地方政府债务对于经济增长的作用分析来看，当前中央政府债务对于经济增长的影响仍处于正向的阶段；与此不同，地方政府债务的分析结果显示，在多年之前，中国地方政府债务就已经跨过拐点，进入负面刺激轨道，换言之，地方政府债务的继续上升，将会给 GDP 带来更显著的负面影响。因此，在当前以及未来的较长时期内，应当把消化和吸收地方政府债务作为主要的政策重点，并且进一步增加中国财政的透明度，促进我国经济结构和产业的调整，促进国内经济活动的健康稳定发展。

从银行业的分析结果来看，银行业同样存在着债务拐点，而且按照测算出的债务拐点规模来看，目前银行业债务对于 GDP 的影响已经进入或者即将进入下降阶段的"临界点"。因此，银行业未来的发展要警惕债务的绝对规模，采取适当措施降低债务水平，同时构建从规则、制度导向调整为资本回报导向的考核机制，推动商业银行由"规模银行"向"价值银行"发展。

针对不同实体经济行业的债务分析显示，各个行业的债务总量尽管都在上升之中，不过各行业的负债杠杆率出现趋势性分化。究其原因，行业利润是导致杠杆率分化的主因。本书还针对化学纤维制造业、石油化工业两个典型过剩行业进行了进一步的债务拐点研究。结论显示，化纤行业的债务拐点很可能出现在 PTA 产能达到高峰的 2014 年左右。石油化工行业的债务拐点则很可能出现在 2011 年左右。

针对房地产上下游行业的研究显示，各行业的债务拐点时间不一。其中，煤炭行业达到拐点的时间是 2011 年，钢铁行业达到拐点的时间是 2012 年，建材行业尚未达到拐点，有色金属行业达到拐点的时间是 2013 年，房地产行业达到拐点的时间是 2013 年。研究还显示，房地产债务包括需求端的居民杠杆（房贷）负债和供给端的房地产开发商负债。我国房地产行业的负债问题主要在供给端。同时房地产产业链的债务拐点具有传导性，传导顺序是由上游行业传导至下游行业，与经济周期的传导是相反的。

本书还对实体经济与虚拟经济的关系进行了理论和定量方面的研究。研究测算出了虚拟经济与实体经济的黄金比例，在这一比例下实体经济和虚拟经济对全要素生产率具有促进作用的正效应。不过就我国的情况来看，自 2009 年开始，虚拟经济与实体经济比例已经不在合理区间了，也就是说虚拟经济脱离实体经济过度膨胀，有可能较大程度引发过度投机和金融泡沫，也会对经济增长产生负作用，因此经济结构改革势在必行。

## 三、政策建议

基于上述研究结论，我们将各章的政策建议总结为如下几个方面：

**1. 在宏观经济层面将债务规模控制作为工作重点，从整体上控制中国全社会债务水平**

数据显示，中国全社会债务已经接近或达到拐点。换言之，靠信贷或债务推动的 GDP 增长方式已经难以为继。如果进一步加大债务规模，将会对经济增长造成负面影响。这一点在一定程度上验证了 Reinhart 与 Rogoff 及相关学者提出的"阈值论"。全社会范围内应当建立和强化合理利用债务杠杆的意识，应当把债务规模控制作为宏观经济调整的工作重点。诚然，债务的不断扩张所带来的杠杆可以带来资本流通的加速，甚至促进经济发展，但是过于依赖债务扩张也将扭曲经济发展的良性结构，威胁全社会的宏观经济安全。从我国目前的全社会债务水平来看，各个债务主体已经熟练掌握了如何使用债务杠杆来获得资金进行发展，甚至一旦出现资金问题就下意识地选择发行债务来渡过难关。这种对债务工具的滥用已经造成了我国全社会债务水平拖累经济发展的现状。在当前全社会债务规模已经接近或达到拐点的情况下，对债务规模的调整刻不容缓。有关部门应当采取多种措施对当前我国全社会债务规模进行调整，使其在长期中收敛并稳定在最优债务水平上。这就意味着中国全社会债务规模要与经济增长的表现相对应，促进债务余额的增长速度和经济的宏观数值的变动速度能够保持协调。在全社会各类主体债务中，政府债务与企业债务已经处于极高水平，已经对宏观经济运行产生了潜在威胁，应当加强对这类债务的审计和监管，用极大决心和快速手段迅速遏制它们的扩张速度。对于已经发生的债务，应当通过缓慢吸收的方式逐步缓解债务还款付息压力，直至经济主体运行稳健。

**2. 正确定位政府在经济增长中的作用和角色，加强政府债务管理**

当前，我国面临着非常严峻的外部发展环境，国内的消费市场、民间投资、劳动力市场也都面临着巨大的压力。在这种情况下，更要正确认识政府的功能和定位。从我国当前政府债务的现实状况来看，地方政府债务已经处于负面影响经济增长的轨道中。中央政府债务尽管仍未呈现出其负面影响，但其绝对量也不可忽视。为了有效控制政府债务，尤其是地方政府债务，应当加强与政府债券相关的法律监督体系建设，这一法律体系将对政府发行债务的发债主体资格、资金用途、投放范围、债务偿还、信息披露、危机处理、处罚措施等方面内容做出明确规定。地方政府债务的管理和风险控制也将依托于这一法律体系。在有效管理政府债务的同时，应当逐步提高我国财政透明度，提升政府资金使用效率。财政透明度是国家和政府制定宏观政策，尤其是财政政策的基础，同时也是分析政府资产负债情况、应对债务管理的基础条件。在未来的政府债务管理中，应当把提升财政透明度作为主要的工具和手段。应当积极吸收和借鉴国外政府提升财政透明度的经验和措施，逐步缩小我国政府与财政透明度国际标准的差距。财政透明度提升的同时也反过来要求政府部门提升财政政策的科学性，避免过度举债扩张。

**3. 加强产业结构方面的全面调整，提升实体经济的发展潜力和空间**

当前我国实体经济面临着复杂的发展局面，要从多个方面下手进行产业结构的调整。这主要体现在：首先，要重新认识行业过剩现象，以提高企业竞争力为目标解决产能过剩、结构陈旧症结。从目前我国行业过剩问题的现状看，其实质性症结不是结构问题，而是企业竞争力不足，导致产品供给层次难以满足需求层次的升级，存在供需偏差。因此，解决行业过剩、产能过剩问题，不应以"去产能"为核心，而应以提升实体经济的能力和水平，提高企业和产品的竞争力为核心手段。其次，要把"僵尸"企业问题放到产业发展的战略层面，大力处置"僵尸"所带来的系列问题。要抓住国有企业改革契机，下定决心处置"僵尸"企业和低效无效资产。要依法合规通过证券交易、产权交易等资本市场，以市场公允价格处置企业资产，采用稳妥的方式优化存量负债结构，降低部分行业的杠杆率，做好增量负债规模的合理投放，实现国资形态转变，解决"僵尸"企业带来的种种隐患，引导资金支持产业转型升级和实体经济发展。最后，要对不同行业采取适用性政策，坚持因地制宜，杜绝"一刀切"。要加快加强国有大中型钢铁企业所有制改革，鼓励有利于行业发展的兼并重组，支持企业引入新技术、新设备与高端人才，提高日常经营管理水平。

**4. 积极推进银行业向"价值管理"转变，提升银行业的竞争力**

价值管理是未来商业银行发展的方向。它不是一个虚无的概念，而是由银行方方面面具象化的特征所构筑，对中国银行业而言，有五方面内容尤为重要。其一是实施轻资本发展业务的战略。随着资本监管渐趋严厉，外源性资本筹措的难度和成本增大，资本将成为未来银行发展中面临的最突出的约束条件。银行需要着力从内部挖掘潜力，通过主动的业务结构调整，建立轻资本发展业务的战略。其二是强化内涵式的资本补充，保持规模有限增长。要持续提升银行盈利能力，增强内生资本积累，实现内涵式发展；同时积极研究和探索创新资本工具的应用，尽量以低级别资本替代高级别资本。还要不断优化风险资产结构，优先发展消费信贷等轻资本占用业务，减少对资本补充的需求。其三是建立稳定的投资回报预期。一方面，要制定明确的、可持续的分红政策，并进行充分的信息披露，切实提高投资者分红预期，保障投资者权益；另一方面，要尽量减少股权再融资，避免出现摊薄即期股东权益的现象。其四是优化股权结构，促进资本流转。银行提升价值的内在要求需要适度分散的股权结构与之相适应。合理的股权结构有助于建立完善的治理结构。合理的股权结构既要避免一股独大情况下大股东对银行经营管理的过多干预，又要解决股权过度分散可能导致的"内部人控制"问题。其五是以技术动力取代规模动力。银行业发展需要以技术动力取代规模动力，依靠各种金融产品和非金融服务的创新及时顺应行业发展趋势和客户新的多样化需求，以创新而非资本投入来获得持续的发展。

**5. 采用多种政策工具，合理推进房地产市场供给侧改革**

房地产行业的改革依赖两个重要工具——需求端工具和供给端工具。在需求端，通过调节房地产市场需求调节房市，目前主要以行政性手段为主，通常表现为在房市过热之际采取限购、限贷政策。除行政性限制措施以外，政府相关部门也可以通过窗口指导的方式，要求银行收紧居民购房按揭贷款。通过银行这个资金融通主体，实现对房市的调控。在供给端，通过增加住房建设用地供应，从源头上调节房市供给。同时配合提高普通商品房住房比例、增加保障性住房供给、加快审批环节等措施，逐步解决"一房难求""多人抢房"导致的房价攀升和非理性繁荣。同时，由于我国区域经济分化严重，人口密度分布不均，资源和人口向沿海省份、核心城市转移，三四线城市人口往往呈现净流出状态，不具备支持房地产价格保持平稳的基础。因此，房地产的供给侧改革一定要因地制宜，对一、二、三线城市有不同的侧重点，采取不同的政策，针对各类城市的问题，提出相应的解决方案。对于三四线城市，类比煤炭、钢铁等产能过剩行业，实行供给收缩，而对于一线城市，不仅不倡导供给收缩，反而提议土地的合理释放，赞成一线城市借助其得天独厚的各类资源，倚靠其四通八达的交通网络，拓展更多可供出让的土地资源，缓解日益紧张的供需矛盾。

**6. 加强对虚拟经济的监管与约束，提高金融机构和资本市场的准入条件**

数据显示，我国实体经济与虚拟经济的结构已经背离了最优比例。虚拟经济发展并不是基于实体经济，而是由投机心理及虚拟资本独立的运动规律造成的，出现金融资产价格、不动产价格脱离生产力发展水平的虚假上涨，使经济呈现出虚假繁荣的景象。美国次贷危机表明，经济泡沫一旦破灭，就会对社会再生产的各个环节造成不利影响，进而危害到实体经济。因此，为了保证实体经济健康发展，相关政府部门必须约束泡沫经济的发展，监督和控制各种促进泡沫增长的投机活动。一要提高金融机构设立条件和资本市场的准入门槛，规范金融市场发展秩序，强化准入标准在产品设计、风险控制、资本约束、从业经验和技术运用等方面的政策要求，必要时可以采用牌照监管方式提高准入条件；二要深刻认识金融创新的实质，要以是否提升服务实体经济效率、降低金融和系统性风险为出发点，回归金融创新的本质要求，对于P2P、众筹等所谓的通道型、复制型金融创新要及时稳妥治理和规范；三是对于银行业等风险管理较为规范的机构，要由业务监管向资本监管转变，进一步强化资本监管，在资本约束下，倒逼和鼓励商业银行优化资产结构，提高资本配置的效率和精细化水平，助推银行机构向低资本消耗的模式转型。

# 参考文献

1. Abbas A E. Decomposing the Cross Derivatives of a Maldistributed Utility Function into Risk Attitude and Value [J]. Decision Analysis, 2011, 8 (2): 103-116.

2. Aizenman J, Lee J. International Reserves: Precautionary Versus Mercantilist Views, Theory and Evidence [J]. Open Economies Review, 2007, 18 (2): 191-214.

3. Alesina A, Perotti R. The Political Economy of Budget Deficits [J]. IMF Economic Review, 1995, 94 (1): 1-31.

4. Auerbach A J, Lee R. Welfare and Generational Equity in Sustainable Unfunded Pension Systems [J]. Journal of Public Economics, 2011, 95 (1-2): 16-27.

5. Baldacci E, Kumar M. Fiscal Deficits, Public Debt, and Sovereign Bond Yields [J]. Social Science Electronic Publishing, 2010 (8).

6. Barro R J. Money and the Price Level under the Gold Standard [J]. Economic Journal, 1979, 89 (353): 13-33.

7. Burnside C. Currency Crises and Contingent Liabilities [J]. Journal of International Economics, 2004, 62 (1): 25-52.

8. E. S. Levine. Improving Risk Matrices: The Advantages of Logarithmically Scaled Axes [J]. Journal of Risk Research, 2012, 15 (2): 209-222.

9. Financial Bureau, Ministry of Finance. Debt Management Report 2016 [R]. Japan, 2016: 164-170.

10. Folkerts - Landau D, Garber P, Lane T. Payment System Reform in

Formerly Centrally Planned Economics ［J］. Journal of Banking & Finance, 1993, 17 (5): 849-868.

11. Furceri D, Zdzienickadurand A. The Consequences of Banking Crises on Public Debt ［C］. Groupe analyses et de Theory Economies (GATE), Centre national de la recherché identified (CNRS), University Lyon 2, Ecole Normal Supergenre, 2010: 289-307.

12. Geys B. Explaining Voter Turnout: A Review of Aggregate-level Research ［J］. Electoral Studies, 2006, 25 (4): 637-663.

13. Greenspan A. Activism ［J］. International Finance, 2011, 14 (1): 165-182.

14. Hildreth W B, Miller G J. Debt and the Local Economy: Problems in Benchmarking Local Government Debt Affordability ［J］. Public Budgeting & Finance, 2002, 22 (4): 99-113.

15. Institute O S, Hogye M. Local Government Budgeting ［J］. Popular Government, 2002.

16. Levine H. The Impact of Debt Management Policies on Borrowing Costs Incurred by U. S. State Governments ［J］. Public Finance & Management, 2011 (11).

17. Mcdermott C J, Wescott R F. An Empirical Analysis of Fiscal Adjustments ［J］. IMF Economic Review, 1996, 43 (4): 725-753.

18. Mello M. Estimates of the Marginal Product of Capital, 1970-2000 ［J］. B. E. Journal of Macroeconomics, 2009, 9 (1).

19. Mikesell J L, Mullins D R. Reforms for Improved Efficiency in Public Budgeting and Finance: Improvements, Disappointments, and Work-in-Progress ［J］. Public Budgeting & Finance, 2011, 31 (4): 1-30.

20. Plekhanov A, Singh R. How Should Subnational Government Borrowing Be Regulated? Some Cross-Country Empirical Evidence ［J］. IMF Staff Papers, 2006, 53 (54).

21. Reinhart C M, Rogoff K S. Growth in a Time of Debt ［J］. American Economic Review, 2010, 100 (2): 573-578.

22. Saint-Paul G. Technological Choice, Financial Markets and Economic De-

velopment ［J］. European Economic Review, 1992, 36 (4): 763-781.

23. Sargent T J, Wallace N. Some Unpleasant Monetary Arithmetic ［J］. Quarterly Review, 1981 (5).

24. The Securities Industry and Financial Markets Association (SIFMA), U. S. Bond Market ［Z］. available at http://www. sifma. org/legal/, 2015.

25. The White House, Economic Report of the President ［R］. The U. S., 2015.

26. 冯文成, 刘英. 利率和政府债务 ［J］. 财经问题研究, 1993 (3): 45-48.

27. 高海红, 余永定. 人民币国际化的含义与条件 ［J］. 国际经济评论, 2010 (1): 46-64.

28. 郭琳, 陈春光. 论我国地方政府债务风险的四大成因 ［J］. 山东大学学报 (哲学社会科学版), 2002 (1): 121-126.

29. 胡文骏. 我国发行地方公债的几点思考 ［J］. 中国新技术新产品, 2010 (15): 222-223.

30. 李扬. 中国债券市场 ［M］. 北京: 社会科学文献出版社, 2015.

31. 林国庆. 福建省地方政府债务问题研究 ［J］. 发展研究, 2002 (11): 26-28.

32. 林胜. 防范和化解地方政府债务风险 ［J］. 发展研究, 2005 (12): 55-56.

33. 陆晓明. 美国公共债务的可持续性及其影响 ［J］. 国际金融研究, 2011 (8): 27-33.

34. 苗连营, 程雪阳. 分税制、地方公债与央地财政关系的深化改革——基于立宪主义的视角 ［J］. 河南财经政法大学学报, 2009, 24 (4): 24-30.

35. 荣艺华, 朱永行. 美国债券市场发展的阶段性特征及主要作用 ［J］. 债券, 2013 (5): 54-59.

36. 芮桂杰. 防范与化解地方政府债务风险的思考 ［J］. 经济研究参考, 2003 (90): 36-40.

37. 田惠敏, 田天. 供给侧结构性改革背景下提高国家开发投资效率研究 ［J］. 中国市场, 2016 (26): 49-54.

38. 尹守香. 关于发行地方公债的理论依据及现实意义的探讨 [J]. 经济研究导刊, 2009 (18)：11-12.

39. 张明. 次贷危机对当前国际货币体系的冲击 [J]. 世界经济与政治, 2009 (6)：74-80.

40. 张强, 陈纪瑜. 论地方政府债务风险及政府投融资制度 [J]. 财经理论与实践, 1995 (5)：22-25.

# 后 记

债务是影响中国经济发展的不可忽略的宏观要素之一。杠杆率的高低从来都是经济界人士所关注的问题——树叶后面的森林。

当前，就中国全社会债务而言，其总量规模已经远远超过中国国内生产总值。中国经济面临着规模扩张还是价值提升、提高杠杆还是压缩杠杆等结构调整的重要考验。如果不能从整个宏观经济的高度认识和研究债务问题，不能就债务和宏观经济之间的关系提出理性和实证有据的判断，对于宏观经济的发展和结构调整政策制定及实施来说很难避免片面与盲目的窠臼。正是基于这样的理论和实务预期，自2015年下半年开始，本书的课题组成员对于中国债务问题产生了浓厚的兴趣。在一年多的时间内，从课题立项、课题分工、课题讨论到最终形成研究结论，各位参与者做了大量的工作。本书就是对前期工作的总结。

本书的参与者包括中信集团监事长兼金融法律行为研究会会长朱小黄、中央财经大学商学院教授林嵩、中国建设银行风险管理部业务经理王林、华夏基金公司高级分析师武文琦、中国人民大学国际学院博士秦权利。

作为本课题的领导者，朱小黄的学术贡献主要是确定了寻找债务"拐点"这一理论目标，并指明了研究的方向、基本路径、数据体系和内容框架。林嵩和王林共同为全书进行了统稿，为各章选定了具体的理论依据和方法，并在大量数据的基础上建立了计算模型。最终的定稿中，序和第一章的主要撰写者为朱小黄和林嵩，第二章和第三章的主要撰写者为林嵩，第四章的主要撰写者为王林，第五章的主要撰写者为武文琦，第六章的主要撰写者为武文琦和王林，第七章的主要撰写者为秦权利和王林，第八章的主要撰写者为林嵩。除了上述人员以外，本书的顺利完成还要感谢财政部政策研究室王卫星主任和巡视员汪义达、调研员赵则永对于本书研究思路、研究方案、数据资料的积极贡献。同时，还要感谢在课题研究和书稿撰写中积极参与讨论并提出众多宝贵意见的专家、学者们，因篇幅所限，这里就不再一一道出姓名。

限于作者们的学术修养，这样一本运用新的理念和计量经济技术的学术之作，疏漏之处在所难免，敬请各位读者积极批评讨论并不吝指正。相信在众多社会有识之士的共同支持下，关于中国债务问题的研究会更加深入，更具有充分的社会经济研究与实务指导的参考价值。

朱小黄

2017 年 1 月